Safariland, zweifach

Bruno Arich-Gerz & Anne Storch

Safariland, zweifach

Textem Campo

Inhaltsverzeichnis

Vorwort 7

Zeittafel 9

G'bohessa-Sul 15
Bruno Arich-Gerz

Das ewige Kramzeugs 91
Anne Storch

Künstlichkeit der Ordnungen. Ein Spaziergang 151
Bruno Arich-Gerz & Anne Storch

Impressum, Bildnachweis 168

Vorwort

Angefangen haben wir ganz woanders, im Planbaren der Projekte und Proposals, die wir dann aber lieber sich selbst überlassen mochten. Stattdessen schlecht gemachtes Afrika in der Nähe von Darmstadt – das war der Freizeitpark »Safariland« in Wallerstädten. Seit seiner Gründung in den 1970er Jahren zog er hunderttausende Besucher an, die mit ihren Privatautos durch ein Löwengehege fuhren, Zebras streichelten und den Spielplatz »Mondbasis« bevölkerten. Mitte der 1980er Jahre ging Safariland Pleite. Heute erinnert nur wenig an den Ort der fremden Tiere und Stereotype im Zeichen des Vergnügens. Das Gelände ist überwachsen, Afrika hat seinen verdreht-kolonialen Außenposten in Südhessen verloren. Ein paar Fotos und Dokumente gibt es noch im Internet.

Uns hat das Safariland nicht losgelassen, und wir haben es in eine doppelte Fantasie verwandelt. Dem Freizeitpark haben wir fiktional neue Wurzeln gegeben und »Safariland« seines definierten Ortes enthoben. Das Safariland findet so gleichzeitig statt im Zaïre der 1970er Jahre und in Wallerstädten sowie im Tunis des siebzehnten Jahrhunderts und in einer nahen Zukunft in einem Spracherfindungsinstitut. Wir danken dem Heinrich Böll-Cottage in Dugort, Achill Island, für die gemeinsam spazierten Wege, Sophie Storch für die Ideen und Bilder, Nora Sdun und Gustav Mechlenburg für ihre Unterstützung.

Zeittafel

2700 v. Chr. Der ägyptische Mondgott Chons wird in den Pyramidentexten des Alten Reichs als Verursacher von Krankheiten und als Kannibale beschrieben.

27. September 1177. Papst Alexander III. beantwortet den gefälschten Brief des erfundenen Priesterkönigs Johannes, dessen Reich unvorstellbare Schätze bergen sollte, die ab dem späten Mittelalter vor allem in Afrika vermutet wurden.

1232. Bei der Schlacht von Kaifeng setzt das Kaiserreich China schwarzpulvergetriebene Projektile ein. Die Anwendung im chinesisch-mongolischen Krieg gilt als der erste überlieferte Einsatz von Raketen.

13. Jh. Das türkische Lehnwort *tolmetsche* ist im Deutschen mit der Bedeutung »erklären, kauderwelschen, schwätzen« belegt.

16. Jh. Das aus dem Türkischen entlehnte Verb *dolmetschen* ist im Deutschen mit der Bedeutung »übersetzen, verdeutlichen« belegt.

16. Mai 1617. Georg Albrecht I. zu Erbach schifft sich auf einer Bildungsreise in Malta ein, um von dort nach Neapel zurückzukehren. Das Schiff wird von Korsaren gekapert und Georg Albrecht wird nach Tunis verschleppt. Sein Diener und der Hofmeister ertrinken.

27. September 1618. Der mithilfe der Beiträge der Erbacher Bauern aus Geiselhaft und drohender Versklavung freigekaufte Georg Albrecht I. zu Erbach kehrt in den Odenwald zurück und begegnet dort dem Leichenzug seines Bruders.

1670. Die von Philipp von Zesen verfertigte deutsche Übersetzung der *Naukeurige Beschrijvingen der Afrikaensche gewesten* von Olfert Dapper wird gedruckt. Von Zesen hat nicht nur Bücher übersetzt, sondern auch Fremdwörter. Auf ihn gehen Erfindungen wie »Rechtschreibung«, »Mundart«, »Staatswesen« und »Versicherung« zurück.

Um 1730. Der Essigäpfel-Johann stirbt, ein Weinhändler oder Ölhausierer. Eine undatierte Erinnerungstafel zeigt ihn im Forst im Osten Darmstadts an den Stamm eines Baums gelehnt. Er schaut hackestramm aus. Die Tafel befindet sich heute im Jagdschloss Kranichstein. Von dem Händler in Regionalwaren schlüpfte der Name hinüber auf den Baum. Der »Alte Hans« wurde in der ersten Hälfte des 19. Jahrhunderts gefällt.

18. Jh. Franz I. Graf zu Erbach-Erbach begründet die Elfenbeinschnitzerei in Erbach. Er hat außerdem Kunstwerke von Jakob Philipp Hackert besessen, über den nachzudenken sich auch mal lohnen würde.

1823. Johann Friedrich Ludwig Koch extrahiert in Oppenheim Chinin aus der Rinde des Chinabaums. Chinin half nicht nur dabei, die Malaria in den Rheinniederungen Südhessens zu bekämpfen, sondern war auch eine der Grundvoraussetzungen des Siedlerkolonialismus und der kolonialen Eroberungskriege Europas in Afrika und anderen Teilen der Welt.

1825. Eduard Rüppell zeichnet eine Karte Nubiens, auf welcher der Berg Jebel Barkal aussieht wie ein gleißender

Komet. Einige Generationen später entdecken Archäologen, dass die Spitze eines vorspringenden Felsens am Jebel Barkal in der meroitischen Antike vergoldet worden war und jahrtausendelang über dem Tal des Nils das Licht der Sonne und des Monds reflektiert hatte.

1841. Ein notorisch schnorrender Finanzbeamter ist die Titelfigur in Ernst Elias Niebergalls Bühnenstück *Datterich*. Zum weiteren Personal der Darmstädter Lokalposse gehört Dummbach, der prophetisch über imperiale Gelüste europäischer Nationalstaaten schwadroniert. »Die Franzose vagrehßern sich uf Unkoste annerer unsivelisirder Nazione in Afrika.«

28. März 1864. Der spätere Missionarslinguist Adam Mischlich wird in Nauheim geboren. Er leitet in Kete Krachi und Missahohé in der damaligen deutschen Kolonie Togo bis 1914 jeweils Bezirksämter und hat sich sein restliches Leben lang besonders gern mit dem Hausa beschäftigt.

26. Januar 1885. Der spätere Missionarslinguist Johannes Ittmann wird in Groß-Umstadt geboren. Ittmann arbeitet in Kamerun, wo er unter anderem die Sprache eines Mami-Wata-Kults beschreibt und am 1. März 1934 in Buea in die NSDAP eintritt.

1921. Der Katechet Simon Kimbangu vollbringt in seinem Heimatort N'kamba westlich von Kinshasa und in umliegenden Dörfern Wunderheilungen. Seine Frau Marie Muilu Kiawanga Nzitani läutet auf seine Anweisung am 6. April eine Glocke und ruft zum Gottesdienst. Die Versammlung gilt als Gründungsdatum der bis heute einflussreichen *Kirche Jesu Christi auf Erden durch seinen Boten Simon Kimbangu* (E.J.C.S.K.) mit sechs Gemeinden auch in Deutschland, darunter die Sous-Paroisse Frankfurt.

1923. Der Offenbacher Verlag *Klingspor* publiziert die von Rudolf Koch entworfene Schriftart *Neuland*, die bald in der Bewerbung von Kinofilmen über Afrika Verwendung findet und auch heute noch charakteristisch für die Beschriftung klischeehafter Repräsentationen Afrikas ist.

1928. Der Opel RAK2, ein raketengetriebener Rennwagen, stellt in Berlin mit 238 km/h einen Geschwindigkeitsrekord auf und übertrifft die auf der hauseigenen Rennbahn in Rüsselsheim erreichte Marke von 138 km/h des RAK1. Am Steuer und als Ingenieur an der Entwicklung des RAK2 maßgeblich beteiligt war Fritz von Opel, ein Absolvent der TH Darmstadt.

1967. In Marburg und später Frankfurt infizieren sich Laborangestellte und Tierpfleger mit dem von einem Affen aus Uganda übertragenen, daraufhin so genannten »Marburg-Virus«. Hohes Fieber, Erbrechen, Durchfall und eine hohe Sterblichkeit sind ein Jahrzehnt später auch die Symptome einer Ansteckung mit dem Ebola-Virus.

1970. Eröffnung des Safarilands in Wallerstädten. Dort fuhr ab 1971 eine Einschienenbahn über das Serengetigelände mit seinen Tieren der Savanne.

1971. Erwin Kostedde setzt seine Karriere als Fußballprofi bei Kickers Offenbach fort. Als erster Afrodeutscher schafft er es danach in die Nationalmannschaft. Das Fachblatt Wikipedia listet auch Unerfreuliches: »Er verlor nach Karriereende seine Ersparnisse von über einer Million DM durch einen dubiosen Anlageberater und trainierte eine Zeitlang im Amateurbereich.«

1972. Aus dem 1906 in Belgisch-Kongo gegründeten Bergbauunternehmen *Union Minière du Haut Katanga* wird nach der Verstaatlichung 1966 und mehreren Umbenennungen die *Générale des Carrières et des Mines* (*Gécamines*). Zur gleichen Zeit treibt die hessische Landesregierung die Umwidmung des stillgelegten Ölschiefer-Tagebaus *Grube Messel* in eine zentrale Abfalldeponie für Südhessen voran.

1974. In Neu-Isenburg gründet sich die *Orbital-Transport- und Raketen-Aktiengesellschaft* (OTRAG). Ihr Leiter ist der deutsche Raumfahrtingenieur Lutz Kayser, Aufsichtsratsvorsitzender wird mit Kurt Debus der ehemalige Direktor des Kennedy Space Center.

1976. Die OTRAG pachtet ein 100.000 m² großes Gelände im Südosten der Republik Zaïre und beginnt im Jahr danach auf einem Felsplateau oberhalb des Flusses Luvua mit Teststarts von Raketen. Staatspräsident Mobutu Sese Seko Kuku Ngbendu wa Zabanga wohnt am 5. Juni 1978 einem der Probeabschüsse bei.

1979. Schließung der OTRAG-Raketenbasis in Zaïre auf Druck der Sowjetunion, der USA und Frankreichs.

1985. Schließung des Safarilands in Wallerstädten.

1995. In seinem Haus in der Nähe von Wiesbaden stirbt Wim Thoelke. Sein Name ist verknüpft mit Quizshows in *Zweiten Deutschen Fernsehen*, einer Leidenschaft für Unternehmungsgründungen im aeronautischen Bereich und, rein von der Wortherkunft, mit Tolmetsch.

2013. Katarina Papajannis und Hermann Schefers beginnen ihre Forschungen am alten Brunnen im Kloster Lorsch und Papajannis findet schließlich einen Atzmann.

G'bohessa-Sul

Bruno Arich-Gerz

Abb. 1

(1)

Schwarz wie die Haut auf der Milch konnte Wim Thoelke am nächsten Morgen nicht mehr sagen, wer ihn angeworben hatte.

Als Finanzberater war er zu Bett gegangen und hatte schlecht geträumt, seine multiplen Krankheitsneigungen hatten ihm den Schlaf zersägt. Ein epileptisches Grand Mal mit Veitstanz und allem Pipapo, seine pathologische Synästhesie und ein erhöhtes Schlaganfallrisiko (angeboren, meinte seine Ärztin Dr. Hesselbach-Adoo) tapezierten ihm die Nacht.

Dann wurde ihm ein Angebot gemacht und er muss eingeschlagen haben.

Eine Gesandte von der Heiligen Kirche der Gécaminister war es, die ihn 1974 von der Bastmatratze gelockt und angeworben hatte: vielleicht. Jemand vom Convenant des Payeurs de Taxe zog ihn rüber: auch möglich, denn die schickten gerne seriöse Herren im hochgeschlossenen Abacost, um mit anderen Argumenten als Geld zu überzeugen. Oder es war Hock persönlich, Leiter des Finanzamts Offenbach-Land, der vor Thoelkes Haus am Feldrand zwischen Kin-la-Belle und Groß-Gerau auf der Matte gestanden hatte, vor einer giebelständigen Strohhütte mit Blick auf den trägen Strom Zaïre.

Hm.

Das kann alles nicht sein, jedenfalls nicht in der geoeinfachen, standardmäßig sortierten Welt. Abacost und Offenbach, Groß-Gerau und Zaïre? Strohhütte und Steuerzahlerbund? Reinhold Hock war bis gestern Abend sein Komplize gewesen. Einer, der an den eigentlich zu leistenden Abgaben der Thoelke-Mandanten rumschraubte, bis es krachte. Ungeniert hatte er sich den Spitznamen *fiFi* ankleben lassen, der Hock: unser Filou beim Fiskus. Ausgerechnet der soll ihn umgedreht haben?

Denn aufgewacht war Wim Thoelke als einer, der auf einmal das zu machen hatte, was Steuerfahnder tun: suchen, schnüffeln und die Vorausleistungen der Menschen aus dem Süden auftreiben, der *watu wa kusini*, die – wie es in der Verfassung steht, die in ihren Gemütern lebt – in der Schuld der Gemeinschaft stehen.

So wechselt man die Seiten.

An eine olfaktorische Sensation erinnert er sich, als der Übertritt geschah, ein kalter grüner Hauch Petersilie umwehte seine Wangen und kribbelte unter der Haut wie ein Kissen spitzer Nähnadelköpfe.

Sonst war da nichts.

Jetzt steht er in der Schlucht, den der Luvuafluss in die Landschaft um Wallerstädten gegraben hat. Er zippt die Cargohose auf, pinkelt im Stehen und geht seinem Auftrag nach.

Und dann (bemüht er sich in der nassen Hitze an den Stromschnellen um ethnografisches Präsens) finde ich eine abgabenfinanzierte Investition nach der anderen. Sinnvoll jede einzelne. Aus dem Nichts entsteht eine kleine Stadt, ein Innovationspark vom Feinsten.

[Aus Thoelkes Feldtagebuch, Repro in: H. Borcherdt, Architekten. Begegnungen 1956–1985. München: Langen Müller 1988]:

13. Juli 1976. Eine DC 3 aus der Zeit des Zweiten Weltkriegs steht abseits, wir werden im Auto dorthin gebracht. / Nach dem Start erkenne ich Zebras und Giraffen in dem Naturschutzpark nahe der Stadt. / Bergmassive tauchen auf: senkrecht aufragende Felsmassive, die oben alle gleich hoch abgeschnitten erscheinen. Das Flugzeug setzt zur Kurve an, da entdecke ich am Rand eines Plateaus am oberen Ende einer Felswand einige grüne Zelte, unser Ziel: Kapani Tono: das hochaufragende [Gespaltene] Hinterteil. [Borcherdt, a.a.O., S. 229]

14. Juli 1976. Schon vor sechs rennt alles zur Arbeit, man nützt die kühlen Stunden. / Es ist vielleicht nicht einmal

übertrieben, wenn ich behaupte, daß dieses Projekt am hochgestreckten Hintern das seltsamste und nutzloseste auf der ganzen Welt war. [Zweifel!]. Es sollte hier auf dem Hochplateau eine Raketenabschußbasis gebaut werden [ein Wahnsinn!], um Nachrichtensatelliten in Umlauf zu bringen. [Ein Orlando im Busch, auf einem Areal nahe Wallerstädten zwischen Flughafen Rhein-Main und dem Luvua. Cape Canaveral und Disney World in einem. Hatten die noch alle Halme am Besen?].

18. Juli 1976. [Ich, der ich mich in den Architekten des Parks versetze. Ziel: die Zweifel loswerden]. Mein Auftrag lautet, Wohnbauten, Restaurants und Waschräume mit dem geringsten Aufwand an eingeflogenem Material zu bauen. / Auf meinen Rundgängen stellte ich fest, daß als Baumaterial Naturstein, Lehm, Hartholz, Rinden und Stroh vorkamen. Man muß es nur verarbeiten können. / Die Raketenabschußbasis sollte auf dem höchsten und in das Tal vorspringenden Teil des Plateaus gebaut werden. Einige hundert Meter entfernt liegt an der Hangkante ein zweiter prominenter Punkt, der das Kontrollzentrum tragen soll. In einem leicht zur Hangkante hin zum abfallenden Gelände, bewaldet und durch größere Felsgruppen gegliedert, soll das Wohngebiet zu liegen kommen. Ich träume gleich von Natursteinhäusern mit Strohdach [wie bei mir zuhause, am Feldrand mit Blick auf Kinfurt]. [Borcherdt, a.a.O., S. 231]

Ich werde schon in weniger als einem Monat mit einem Zimmermann und einem Steinmetz und den notwendigen Werkzeugen wieder auf dem Plateau sein. Ich fühle mich berufen und befähigt, in diesem wunderschönen Stück Landschaft etwas Schönes zu bauen und unser Menschenwerk harmonisch in die Natur einzubetten. [Meine Zweifel von vor vier Tagen? Pfft. Die üblichen Akklimatisierungsbefindlichkeiten!] Wenn es mit den Raketen nichts wird, kann man ja immer noch ein Safarihotel für Touristen daraus machen. [Borcherdt, a.a.O., S. 233]

25. August 1976. Irgend jemand [ich oder fiFi? Jedenfalls nicht der Steuerzahlerbund. Die Gécaminister?] brachte einen großen Affen mit, er war gezähmt, hieß es. Das heißt, er war an Menschen gewöhnt – und an Rauchen und Trinken. Er ist nahe dem Essenszelt [= dem Schnellimbiss beim Kinderspielplatz gleich hinter dem Eingang beim Ponyreiten, vor der Mondbasis] mit einer Kette an einen Baum gebunden, will jedem nachrennen und setzt sich auf die Schulter. Am Rauchen und Trinken muß er teilhaben, sonst wird er aggressiv, schreit und tobt, bis er was bekommt. Wie mancher Mensch ist er in betrunkenem Zustand ganz nett. [Borcherdt, a.a.O., S. 236]

Sinnvolle Investitionen. Und so schnell. Fünf Wochen nach der ersten Idee (Safaripark, -hotel, -land) gleich ein Stück Lebendinventar. Im Architekten des Parks plane ich weiter: ein Datterichgehege und eine Gockelreitbahn auf Schienen.

Anfang 1977 und weiter im ethnografischen Präsens: Hier sind keine Steuern versickert, hier ist nichts versteckt. Meine Suche läuft ins Leere. Alles hat Hand und Fuß. Es gibt sauberes Geld aus den Abgaben der pflichtschuldigen Menschen. Ich finde einen Wirtschaftsplan und treffe auf seine exakte Umsetzung, eine Karte und ihr Territorium. Nachts und alleine nenne ich das Gebiet *G'bohessa-Sul* und wundere mich, wie in diesem Suchbild von *kusini kusini*, was Kiswahili ist, »Süd-Süd« bedeutet und für das man in der einfachen Funktion zwei Karten benötigt mit *kusini mwa Frankfurt* oben und *kusini mwa dunia* unten … wie in diesem Puzzle aus fiFi, Tierpark KG Frank & Pelzer, Provinz Shaba, Torjäger Mutumbula, dem Vater der Nation und der Orbital Transport- und Raketen Aktiengesellschaft (OTRAG) in der ersten Ableitung auf betörende Weise alles ineinanderpasst.

Da ist ein alter Bekannter von mir, der Finanzmakler im Dienst aller Herren und Länder Fréderic Weymar, der vor einem halben Dutzend Jahren, 1971, als noch keiner was mit G'bohessa-Sul anzufangen wusste, dem Chef-Chef von *G'bh-S* begegnet und ihm in den Ohren liegt mit dem heißen Scheiß der Zukunft: Sport und den Bindekräften des Zuschauens, einträglichen Spektakeln und Freizeitvergnügen. Der Landesvater winkt ab, Olympische Spiele kommen zu früh für sein Gemeinwesen, meint er, zu jung sei es noch. Wie eine grüne Banane, auch wenn nationale Unreife ein Argument wäre, die Menschen beim emotionalen Schlafittchen zu packen.

Drei Jahre später, kurz nachdem ich den Schnüffeljob übernommen habe, stößt Weymar mit derselben Masche – einem Megaevent für die Massen – auf offenere Ohren. Dem Chef-Chef ist soeben die abgespeckte Version eines kusini-kusini-integrativen Sportspektakels nur so lala geglückt: Fußball. Weymar überzeugt ihn, auf Kampfsport zu setzen und sein Land ins Schaufenster zur Welt zu stellen. Finanziell sei das ein Selbstläufer, die Gagen für die Kirmesboxer spiele die Versteigerung der Übertragungsrechte ein, und sicher auch noch mehr.

»Der Rest dürfte bekannt sein«, strunzt Weymar mit whiskyfarben getönten Brillengläsern und gewelltem Kopfputz vor Zufallsbekanntschaften in einer Flughafen-Lounge. Die *Randale von Raunheim*.

»The lightning struck twice in the night«, meint die eine Zufallsbekanntschaft, eine schwarze Fönfrisur wie ein Helm: Herr Pelzer oder Herr Frank, daneben ein Herr Kayser.

»First in the ring and then after the fight«, schiebt der andere nach, Frank oder Pelzer, die gräuliche Haarschütter an den Schädel gebriskt. »Zwei Tage Fußmarsch von Boende, um dabei zu sein.« Er schwelgt. »Jeder Kilometer hat sich gelohnt.«

»Das waren also Sie«, wird Weymar gefragt, nein: angehimmelt.

Der hat aber schon eine nächste Idee.

»Machen Sie in Raumfahrt«, sagt er, »und machen Sie das dem Chef-Chef schmackhaft. Er subventioniert Ihnen das, er schenkt Ihnen noch mehr Plateau und lässt Sie roden. Reißen Sie den hochaufragenden Hintern weiter auf, bis an den Ortsrand von Wallerstädten! Mit Unimogs ist das kein Ding, und zack! stehen die Raketen in ihrem Affen- und Menschenpark.«

»Und wer, äh, wer hält uns aus dem Risiko? Wer subventioniert so was«, fragt der Frank-oder-Pelzer mit der Erwin-Kostedde-Frisur. »Wir beide sind bloß eine kleine Kommanditgesellschaft.«

»Arrja, dann gründen Sie einen Aufsichtsrat«, meint der dritte, Kayser, eine Pilotenbrille zwischen Vorwitznase und dunkelblondem Pony. »Mit dicken Namen, in die man gern investiert. Holen Sie sich den CEO von Disney ins Boot und machen ihn zum Vorsitzenden. Oder Neil Armstrong, für die Glaubwürdigkeit bei Dr. med. dent. Investor.«

»So geht das«, nickt Weymar. »Frisches Kapital, für den guten Zweck. Hier der Kayser weiß Bescheid. Den Rest weist fiFi zu, auch für den guten Zweck. Und Chef-Chef wird begeistert sein.«

Eine Grübelsekunde.

»Was meinst du, Lacksträhne?«

»Machen, Matte«, meint der Kommanditist, »machen!«

»Nächste Woche haben Sie einen Termin«, lächelt Weymar, »beim Vater der Nation. Und dann zurren Sie es fest.«

Q: »But how long did the final details take?«

A: [Weymar, *slightly inconvenienced*, schiebt die Brille den Nasenrücken rauf]

»Oh no, I'd say fifteen, twenty minutes«

Transkr. von: O. Schwehm, Fly Rocket Fly. Lunabeach TV & Media GmbH 2018, min. 30:34.

Abb. 2

So ging das. Astronauten und Zampanos redeten Zahnärzten ins Gewissen und die ließen was springen, führten ihren Zehnten ab, entschuldeten sich im Land G'bohessa-Sul. Thoelke wundert sich, wie voll seine Blase ist. Er strullt in vermülltes Gebüsch oder direkt in den Luvuafluss, legt den Kopf in den Nacken und schaut hoch in die Baumwipfel. Das täte er besser nicht.

Sofort spielen das Blätterdach, die Sonne und der Wind ihm einen Streich, belichten und beschatten abwechselnd seine Retina, an-aus-an-aus, hell-dunkel-hell. Ihm wird schwindelig, ein kleines Malheur kündigt sich an. Bloß nicht, die Hose wird er sich einsauen und helfen kann ihm hier im Canyon keiner.

Denk an was anderes, Wim. Schnell! Denk an … vorhin:

Zwischen Gerüsten, die blank oder mit Schaumstoffverschalung die Attraktionen einkleiden, und den Hütten für WCs hocke ich mich zu zwei Mädchen, die auf dem gerodeten Boden Fangsteinchen spielen.

Zwölf, vielleicht vierzehn sind die beiden, misstrauisch beäugt mich Lisettchen, kurz: Li, die gerade nicht am Zug ist.

Erwachsene Männer haben beim Spiel mit dem Stein, der hier entweder ein sehr schmutziger Tennisball oder ein sehr ordinärer Dromedarköttel aus dem Gehege ist, nichts zu suchen. Das sagt die Tradition, deswegen schaut Li so, wie sie schaut. Ist mir aber egal, denn auch ich bin nur ein Spieler, der gerade verliert, weil er nicht findet, was er für seine Auftraggeber zurückgewinnen soll.

Die andere, Ma, lang: Matilda, wirft die schmutzige Kugel senkrecht in die Höhe, an Kinn und Nase vorbei. Auf Stirnhöhe schiebt sie den Schädel unter den Wurfstein, der Rest ist Berechnung und Kopfkörpergefühl. Langsam kullert die Kugel über Matildas Fontanelle zum Haarwirbel, verliert ihren Schwung an die Schwerkraft und rollt den Weg zurück zur

Stirn. Vor dem Gesicht fällt sie herab und landet in Matildas gerade-mal-so-fangbereiter Hand.

Abb. 3

Denn die Hand hat das Intervall, das der Wurf und das Schädelabrollen aus der Zeit herausschneiden, genutzt, um Mas Welt weiterzuspielen und ihr einen Gewinn zu verschaffen. Flitzeflitzeflink berühren ihre Finger in den Sisyphos-Sekunden weiße und rosa Schokolinsen auf dem Boden: weiß rosa-1-weiß-rosa-2-weiß-rosa-3, weiß wegnehmen als Beute oder »Kind« (*ngwana*), ehe wieder das Kümmern um den Stein ansteht: auffangen (check!), berechnen, den Köttel wieder hochschnellen.

Abb. 4

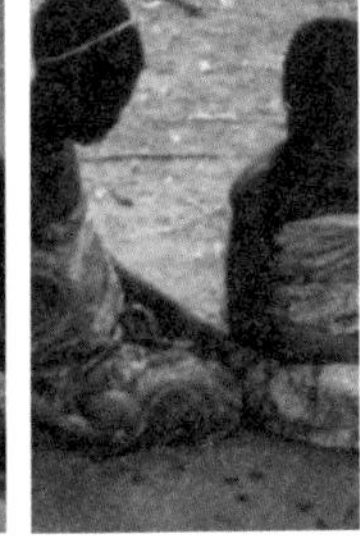

Abb. 5

Dann patzt Matilda und Li muss ihren bösen Blick von mir nehmen, denn sie ist dran.

Lisettchen geht es um die rosafarbenen Kinder, die weißen Linsen dürfen ihre Fingerkuppen nur berühren, das aber in einer vorgeschriebenen Abfolge. Die nächstliegende am ersehnten Kind aus rosa Pfefferminzkruste und Schokolade zuerst. Dann das weiße Kind. Die zweitnächstliegende, wieder Kind. Die dritte, und das Kind greifen und rechtzeitig den Fangstein auffangen.

Während Li den Stein hochwirft, ihn balanciert und die Schokolinsen berührt, übermannt mich Orientierung. Ein Gefühl von Durchblick und Sinn bei dem, was ich tue. Dass es doch noch was zu entdecken gibt, unlauter und unvermischt. Auch der Affe hört auf zu menscheln, er lässt das Rauchen sein und liegt nur an der Kette. Die Welt fällt in ihr bekanntes Muster.

Aus Lis Augen spricht nicht nur Abscheu, sie blickt routiniert schon als Teenager, trennend und trennscharf. In ihrem Spiel ist die Welt geogeordnet in *kusini kwa hessa* und ein Afrika im Süden davon, *kusini kwa ikweta*. Lisettchen spielt das Spiel als wissenschaftlich sortiertes in wahr und falsch, als journalistisches in interessant und saure Gurke, manichäisches mit Gut und Böse.

»Danke«, flüstere ich, »für die Erleichterung.« Konzentrier dich und hol dir die Linse, das ngwana! Sie überhört es.

Den Wurf verzögert sie, ist mit den Gedanken woanders, beim Weltmachen (diese Welt) aus schriftgewordenen Ankern und der Angabe von Quellen in [hochgestellten Zeilen], für das sie später, nach Volontariat und Publizistikstudium, beim *Khartoumer Echo* zahlreiche Preise einheimsen wird.

Wie sie die Welt macht (diese Welt mit ihr und uns, Matilda und allen anderen)? Aus einem Fachaufsatz von 1971 und ihrem Ebenbild in: [Schwehm, Fly Rocket Fly, a.a.O., min. 1.09:15]

> Das seit der Antike weit verbreitete »Fangsteinchenspiel« (griech.: penthelitha, engl.: jackstones, knucklebones, fives-stones, chuckies etc., franz.: osselets, holl.: bikkelen etc.) wurde auch für den afrikanischen Kontinent in verschiedenen Variationen belegt. [S. Paul, »Afrikanische Fangsteinchenspiele«. In *Zeitschrift für Ethnologie (ZfE)* 96, Heft 1 (1971), 32–70, S. 32]

> 1. Figur: Der Wurfstein (MOKÊTÔ), den jede Spielerin mit sich führt, wird hochgeschnellt. Während seiner Flugdauer müssen mit derselben Hand 2–8 der Spielsteinchen [je nachdem berührt, verschoben … egal: am Boden neu angeordnet] werden. Dann wird der MOKÊTÔ wieder aufgefangen. [Paul, a.a.O., S. 33]

> In Katanga soll man überall Versionen des NSEPE der *Sanga*-Mädchen spielen. Als Wurfobjekt dient eine

Solanumfrucht. Die Anzahl der Spielerinnen variiert zwischen zwei und fünfzehn. Th. Centner berichtet, die Mädchen seien aufgebracht, wenn ein Mann sich ihrem Spielbereich nähere. Paul, a.a.O., S. 35

Ein anderes, KISONGOLE benanntes Spiel besteht lediglich im Werfen und Auf-dem-Schädel-abrollen-Lassen einer Solanumfrucht. Paul, a.a.O., S. 36

Jeder Spieler bringt einen Stein und mehrere »Kamel-äpfel«, d. h. kugelförmige Exkremente dieses Tiers mit und [... Schokolinsen und Fangstein werden verwechselt, ersetzen einander oder werden von den »*Tuareg*-Kindern im Hoggar-Bergland« in Matildas und mein G'bh-S-Weltenmachen entführt]. Paul, a.a.O., S. 38

Später, mit Anfang fünfzig, wird Lisettchen ergänzen:

Abb. 6

Abb. 7

Abb. 8

[Fabeltierbambule! Den steingrauen Relikten auf dem Gespaltenen Hintern von Kapani Tono wird fies mitgespielt. Hörner abnehmen, Hörner aufsetzen. Kinder, Kinder, und jetzt auch das noch:]

Regenbogenchaos! Oh je! Dem Himmelseinhorn »Sunny Magic« sind die Farben für die Regenbogen durcheinandergeraten! Die Kinder alias »Einhörner« müssen helfen, die Regenbogen wieder zu sortieren. Das wird gebraucht: Strohhalme – bunte Schokolinsen – flache Teller. So geht's: Die Kinder können in Mannschaften oder eins zu eins gegeneinander antreten. Auf einem Teller werden bunte Schokolinsen wild durcheinandergeworfen. Daneben steht für jedes Kind ein leerer Teller. Nun müssen die Kinder, so schnell es geht, versuchen, alle Farben eines Regenbogens (rot, orange, gelb, grün, blau, lila [weiß, rosa]) auf ihren Teller zu sortieren. Dabei dürfen sie die Schokolinsen nur mit Hilfe ihres Strohhalms, durch ansaugen, von einem Teller auf den anderen bringen. I. Genenz: »Zauberhafte Spiel- und Deko-Ideen für eine Einhorn-Party«, 24. Februar 2017 [https://zickleinundboeckchen.de/2017/02/24/einhorngeburtstag-spiele-dekoration-einhornparty]

»16 Negerküsse. Negroni rundum mit Schokolade umhüllt. Wolf Bergstraße – mit Bastelfiguren aus dem Wolf-Kinderland.« Repro in: M. Prax: »seeblog«, 14. Januar 2017 [https://seeblog.seelicht.ch/28b19746ea352859]

Zwei Kinder setzen sich an den Geburtstagstisch, so dass sie sich gegenüber sitzen. Vor ihnen steht ein Teller mit einem dieser köstlichen Schokoküsse. Sie erhalten nun die ehrenvolle Aufgabe, unter den neidischen Blicken der anderen Partygäste, diese Schokoküsse so schnell wie möglich vollständig aufzuessen. Nur blöd, dass sie dazu ihre Hände nicht benutzen dürfen. Am besten ist es, diese hinter dem eigenen Rücken zu verschränken. So kommen sie gar nicht erst in Versuchung und werden womöglich disqualifiziert. »Leckere Schokoküsse – ein witziges Spiel für alle Beteiligten«, geburtstagsfee.de [https://www.geburtstagsfee.de/kindergeburtstag/spiele/ess-spiele/leckere-schokokuesse.html]

Weil Li am 5. Juni 1978 nicht bei der Sache ist, misslingt ihr der Wurf. Der Fangstein rutscht zu schnell von der Stirn, die Spielhand schafft nur zwei weiße Linsen und drei rosafarbene, dann muss sie ihn fangen. Hubschrauberlärm fegt über den Innovationspark, sie zuckt mit den Schultern und kullert die Kugel in Matildas rechte Hand: hier. Dein Spiel wieder (deine Welt).

Die falsche Welt, die wirre und ziellose. Ich bin sauer auf die fahrige Li und mache mich aus dem Staub, den mächtige Rotorblätter aufwirbeln. Runter vom aufragenden Hinterteil, fort in Richtung Flussufer.

Immerhin hat die Gedankenflucht zu den Weltenmachmädchen geholfen. Kein Anfall, die Hose ist wieder zu und auch der Wind ist weg, der die Blätter in den Baumkronen flattern lässt, was mir stroboskopisch zusetzt. Dafür tauchen flussaufwärts Fußbälle auf. Hunderte, tausende.

Hm.

Über die Stromschnellen kommen sie rasch näher. Ich erkenne ihr neues Design (keine 32 Fünfecke aus schwarzem odor weißem Leder mehr) und lese ihre zwei Botschaften.

Es sind Tango-Bälle mit schwarzen Fünftelkreisen auf den Nachbarflicken rund um ein weiß gebliebenes Pentagon, mit außen einer Extraschicht Polyurethan und innen drin einer Blase aus Butyl. Tangos wie die, die seit Anfang des Monats beim Weltturnier in Argentinien zum Einsatz kommen.

Botschaft Nummer eins: Hier kommen Glücksboten angeschwommen aus sehr symbolträchtigem, wenn auch synthetischem Material. Jemand hat sie in den Fluss geworfen nach dem enttäuschenden Unentschieden zum Auftakt des Titelverteidigers, der immerhin einen Spieler mit g'bohessasulischem Hintergrund im Kader hat.

Botschaft Nummer zwei ist eine Grußadresse an den Vater der Nation, der inzwischen mit großer Entourage auf dem Plateau gelandet ist.

Dem Fußball habe er zu Unrecht abgeschworen und auf die Randale von Raunheim gesetzt, findet die Heilige Kirche der Gécaminister. Sie hat die vielen Bälle springen lassen, die in Sichtweite der Menschen im Tier- und Sensationenpark den Luvuafluss herunterbobbeln.

Ich muss grinsen. Mit der Nummer wollen sie pfiffig, aber nicht zu aufdringlich erinnern an Bernd Mulamba, Grabi Kazadi und den frechen Ilunga Hölzenbein, der in Südamerika wieder mit dabei ist. Ihnen haben Millionen G'bohessa-Suler gehuldigt und sich damit entschuldet. Das soll nicht in Vergessenheit geraten, jetzt wo der Chef-Chef auf fliegende Fäuste umgeschwenkt ist, weil Fréderic Weymar ihm einen Floh ins Ohr gesetzt hat (und Don King kannte).

[Feldtagebuch, Mai 1978]: Die Heilige Kirche der Gécaminister, das sind nach allem, was ich herausfinde, eher die Guten: gemeinnützige Ausputzer, die die G'bohessa-Suler nicht nur Karo-einfach an Erbsünde und Erbschuld erinnern. Nach der Gegenwart, wenn die Welt Rohstoffe braucht, für die es heute noch keinen Namen gibt, die der Allmächtige aber reichlich in der Erde ihres Landes geparkt hat, werden ihre Anhänger belohnt für den Zehnten, den sie über die Kirche an das Gemeinwesen abstottern. Führet ab und euch wird reichlich zugeführt.

Bauernfänger und Eschatologieschwindler, maulen darüber die vom Glauben Abgefallenen. Naturreligiöses Inkassounternehmen und Staat im Staate mit unermesslichem Land- und sonstigem Besitz rund um ihre Residenzstadt. Reptil und Reptilienfonds in einem. Doch auf die Nörgler hört niemand, weil sie gegen die gécaministeriellen Argumente nicht ankommen, die meistens chemische Elemente sind.

Die Heilige Kirche spielt den guten alten Körperschaftskarneval und sie ist deswegen kaum zu fassen. In der Diaspora kümmert sie sich als Bruderschaft (*Fraternité du Jesus de Rançon de Gomme*), als veritabel geldlösende Kirche (*Holy Church of the Ransomed Rubberchrist*) oder Werk (*Obra de Rescate del Cristo de Goma*) um die Bedarfe und Bedürfnisse ihrer Gläubigen. Dieses Rechtsformgehüpfe je nach Weltgegend aufzudröseln, hat mich einiges an Zeit gekostet, schließlich befinden wir uns oberflächlich immer noch in hoheitsrechtlicher Nationalstaatlichkeit, die nur für eingeweihte Kapitalflussgeologen – und vorausblickende kleine gelernte Finanzberater wie mich – längst aufgegangen ist in einer tiefen Globalisierung. In G'bh-S firmieren die Gécaminister als e.V.; seit ihrer Gründung haben sie den Ruf von Trüffelschweinen.

Noch bevor eine Branche richtig zu boomen beginnt, ist die Kirche zur Stelle, generiert frisches Kapital aus Klingelbeuteln und investiert. Mit Kupfer ging es los, die Heilige Kirche kaufte Minen, die jetzt brachliegen, weil die Preise am Weltmarkt nicht stimmen. Heute brummen zwei andere Rohstoffe, Uran und – eben, eben – Fußball. Der Heiligen Kirche gehören ganze Grubenlandschaften, ein Urantagebau neben dem anderen, in denen sich die älteren Gläubigen, die in der Kupferzeit ihre Obolusse als Wechsel auf eine lukrative Zukunft entrichtet haben, nun gesundstoßen: Versprochen ist versprochen und wird bei den Gécaministern nicht gebrochen. Und der Kirche gehören Fußballklubs, Werksvereine sozusagen: Konkordia Kolwezi 98, FSV Wehen Wiedergeburt Kasaï, andere. Damit Fußball zum dicken Wirtschaftsding wird, von dem G'bh-S profitiert, braucht es Spieler, die Siege einfahren: und um die kümmert sich die Kirche, für die verwendet sie sich. Soweit ich sehen kann, funktioniert es, die Spieler zahlen es ihr und dem System dahinter und den Menschen darin zurück: Win-win. Die Triumphe bei den Welt- und Kontinentalmeisterschaften, dazu die Torschützenkönigskrönchen – Gerd Mutumbula (4) und Mulamba mit 9 Dingern, neun! – belegen es.

Nur dass da mal was gewesen sein soll, vor acht Jahren (ich glaube, darauf haben sie mich angesetzt, wenn sie diejenigen sind, für die ich hier suche), Hand- und Schmiergeld, an den Büchern vorbei bei ihren Kikwitter Kickers.

Aber noch mal »nur dass«: Nur dass ich nichts finde, was den Verdacht erhärtet. Weder ist da was unsauber in den

Büchern noch bei denen, die etwas wussten oder hätten wissen können.

Windstill ist es, absolut still auch, während eine Bilanz, die keine ist, durch meinen Schädel turnt: nichts. Fehlanzeigen in Serie, der Fußball-Invest ist auch in Kikwit blütenweiß und der Innovations-, Tier- und Raketenpark ein einziges Streberchen, ein Triple A, bestens angelegte Schuldigkeit der G'bh-Suler. Windstill, still, die Sonne verschwindet hinter etwas. Ich spitze die Ohren, nichts, nur ein Hauch und plötzlich wird der Gaumen grün und auf der Haut das Nadelkissen.

Die Berührung mit der Raketenspitze, den Einschlag mit seinem Namen darauf – sich selbst als ihr Fundstück – verpasst Wim Thoelke bereits.

(2)

Trefflich.

Eine Staubwolke klettert aus der Schlucht neben dem Innovationspark. Der Vater der Nation auf dem Gespaltenen Hintern, zwischen Popcornstand und Hubschrauber- und Mondbasis, senkt die flache Hand vor der obergeneralösen Schirmmütze. Weil die Sonne wieder scheint, geben sie seinen Augen doppelten Schatten im Augenblick der ballistischen Meisterleistung. Volker Mobutu, mit vollem Namen Volker Mobutu der-auf-dem-lustigen-Gockelhahn-durchs-Safariland-reitet, nickt.

Abb. 9

»On voit le trou?«, fragt Kayser. Der Schütterhaarige und Erwin Kostedde stehen daneben, sie schauen bedröppelt und fürchten um ihre Subventionen. »Il y a une vanne qui n'a pas marché.«

Von wegen Loch, sagt sich der Vater der Nation. Auch das mit dem defekten Ventil sieht er anders. Die Berechnung der Flugkurve, die zusammengebundenen Module und die darin verwirbelte Salpetersäure, alles sieht nur aus wie ein Flop. Ist aber keiner. Das Projektil folgte seinem Instinkt, nicht dem Kalkül der Raketentechniker.

»C'était bon«, flüstert er, »c'était bien, et bon marché«. Kayser von der OTRAG und die Safariland-Kommanditgesellschafter atmen auf. Der Landesvater zeigt sich, warum auch immer, zufrieden. Das Projektil folgte seinem Instinkt.

Der Petersilienhauch verschwindet und ich komme zu mir außerhalb der États, Strokes und Zustände. Der Ort ist immer noch das Flussufer, nur die Welt ist eine andere. Die Erklärung dafür ist der erste klare Gedanke, den ich fasse: Im Spiel mit ihren gegensätzlichen Welten nehmen Li und Ma mich auf einmal persönlich. Mein Kopf hat ordentlich was durchgemacht und das Gehör verflucht den Schall, der zu langsam war für den rasenden Ballast aus der Luft.

Ich liege in einem schwarzen Krater, groß wie ein Fußballstrafraum ist der. Neben mir erkenne ich heißen, rauchenden Weltraumschrott, der es nicht bis in die Stratosphäre geschafft hat. Es riecht nach verbranntem Gummi, HNO_3 und Diesel. Ich sehe meterlange Stäbe aus Edelstahl, die der Anprall auf meine Schädeldecke in Falten gelegt hat, und die Spitze einer Rakete wie beim Karussell auf der Kerb. Kreidestaub stiebt von der Raketenkappe weg und verzieht sich, bis im gleichen Weiß, nur gemeinter zu lesen ist: *Post für Wim.*

Auch die andere Wolke, die dunkle aus explodierter Erde am Ufer, fällt aus der Luft und legt sich. Ich trete wieder weg. Wer mich wieder zu mir bringt, ist der Glücksbriefträger

Walter Spahrbier. Die ganze Zeit hat er im Gebüsch gehockt oder er kam mit gleicher Post, um den intimen Moment mitzukriegen, als sich das Paket öffnet und ich Augen mache. Im Liegen schaue ich an mir herab. Unverwundet bin ich und nackt. Meine Klamotten liegen im Gras und Plazentagläubige werden sie verschlingen, Bonobos oder die Spargelpferde von Bauer Lipp. Mein linker Arm ist kalkweiß. Das muss der Kreidestaub von der Spitze des Raketenprojektils sein (turnt es in meinem Kopf), der Übersprung des weißen Namens, Post für *Wim*, auf seinen Träger. Der rechte Arm ist kohlrabenschwarz.

Das muss die raketenpulverisierte Erde des Sechzehnmeterraums sein, turnt mein Kopf die Übung zu Ende. Herabgerieselt auf mich. Ein verkehrtes Leichentuch.

Wie falsch ich mit der Kreide- und Bodenstaubtheorie liege, wird mit dem Schock klar, der folgt. Schnurgerade hat mir die Rakete einen Ganzkörperscheitel gezogen. Vom Sternum zum Bauchnabel und tiefer bin ich links weiß, rechts schwarz.

»Ich wage mal eine vorläufige Diagnose«, meint Dr. Hesselbach-Adoo. »Pigmentapoplex.«

Ein Dutzend Jahre später (um die vielen Rechnungen zu begleichen, die Patient Wim nach seiner Abwicklung als Vergnügungsparksensation bei ihr offenstehen hat) verkauft sie ihn als Idee an Thomas Sheridan & Sons, Dublin, und setzt damit den schlechten Scherzen, die ein im Profil blackgefaceter Kaukasier oder, wahlweise, zentralafrikanischer Halbseitenalbino ertragen muss, einen drauf. Dazu das Klötendesign der Pulle und der Mikropenisflaschenhals. Poor Wim. Die sind auf Jahre hinaus der Running

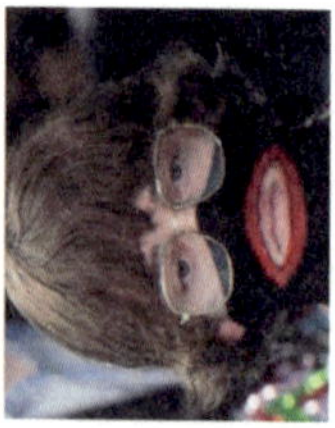

Abb. 10

Abb. 11

Gag (»Muss alles rein«, »Schön weit aufmachen«, »Auf unseren Nidofilen!«) unter Investoren, die hier Freigiebig Verschuldete heißen. Ärzte mit oder ohne Zahn, der Schulbuchverleger Ernst Klett und Showmaster sind leider so, und auch Dr. Hesselbach-Adoo ist das eigene Schuldenhemd näher als die Hose ihres Schuldners.

Doch zurück in den Juni 1978. Wim Thoelke erwischt das Petit Mal leider doch noch, und zwar vom Anblick seiner selbst. Hin und her springen die Augen, sie spielen Hemisphärenhüpfen auf seiner Haut, hell-dunkel-hell-dunkel, und zack! müssen Spahrbier und die vorbeitrudelnden Fußbälle ran. Der Glückspostbote knotet ein Bett aus Weiden und schiebt es unter den reglosen Wim. Getragen von drei mal neun Tangos und eskortiert von 973 weiteren treibt das Floß aus der Enge der Schlucht den Luvuafluss herunter bis zur nächsten Biegung. Im Gleithang ist Platz für den Hubschrauber des Vaters der Nation, der ihn aufnimmt. Immer noch nicht bei Sinnen landet Wim wieder auf dem Gespaltenen Hintern.

Dort, im Innovationspark, ist man längst vorbereitet. Volker Mobutu nickt wieder und scheint zufrieden, was wiederum die von der OTRAG und der Kommanditgesellschaft zufrieden macht. Wim kommt im *Kranken Haus von Daki Tari* zu liegen, einem raffinierten Mix aus Sanatorium (innen) und Homivarium (von außen, durch umgekehrt verspiegelte Panzerglasfenster), wo er unter den neugierigen Blicken der Parkbesucher und der heimlichen Aufsicht von Dr. Karibu genesen soll, dem später in Dr. Faux-Cyculé übergehenden Missionsmediziner und Leibarzt von Chef-Chef Mobutu. Das Safariland hat seine neue Attraktion, den anschaulich aussortierten Schwarzweißen. Eintritt Erwachsene vier Mark, Kinder die Hälfte, Mitarbeiter umsonst. Alle haben sich zurückzuhalten und nicht an die Scheibe zu klopfen. Seine Hausärztin darf direkt zu ihm und ihre vorläufige Diagnose wagen, sonst lange Zeit niemand.

Ein Zeitsprung, 1979. Die Kommanditgesellschafter ziehen Bilanz, ganz gut sieht die aus, und laden ein zum Tag der Freigiebig Verschuldeten. Alle sind auf den Gespaltenen Hintern gekommen: Ivan Rebroff mit Bär, Ernst Klett aus dem Schulbuch, Hans-Joachim Kulenkampff aus dem Fernsehen, die Weißkittel aus ihren Zahnarztpraxen, Inge Meysel aus Hamburg, Nina und Mike, Juhnke natürlich. Durch das Programm führt in der Einschienenbahn zwischen Startrampe und Datterichgehege die Stimme von Jan Hofer, dem Nachrichtensprecher. fiFi reibt sich die Hände, Weymar und sein Statthalter Hans feixen mit Kostedde & Kompagnon. Ein Bürgermeister aus der Gegend lässt den Vater der Nation entschuldigen, er präsentiert dafür ein paar Very Important Gécaminister der Heiligen Kirche aus seiner Stadt und unterhält sich angeregt mit Affe Toto, dem Aufsichtsratsvorsitzenden der Kommanditgesellschaft.

Toto wickelt die Freigiebig Verschuldeten um den Finger: et voilà! Betrachten Sie Ihr Werk, seien Sie ruhig ein wenig stolz auf sich und die Leistung Ihrer Schulden. Der Innovationspark brummt! Was wäre die KG ohne Sie, keine OTRAG ohne Ihre Bereitschaft zur Kreativbesteuerung, … wenn einem so viel Gutes wird beschert, dann ist das zum Nicht-gleich-in-die-Luft-Gehen. Die Flasche setzt Toto an den Hals und die HB zwischen die Lippen.

Schließlich versammeln sich alle vor dem Kranken Haus von Daki Tari.

Was haben sie mit dir gemacht, mein Freund, fragen sich Wims alte Bekannte, Kollegen, Mandanten. Linke Hälfte Heino, rechte Hälfte Roberto Blanco, denkt Rebroff, und alle verbergen ihren Schrecken. Es ist auch der falsche Moment für Schrecken, denn heute tritt der Rekonvaleszent das erste Mal seit seiner Heimsuchung in der Schlucht vor das Kranke Haus und wagt sich unter Leute.

»Wim«, dröhnt Kulenkampff, »so schön, dich zu treffen.«

»Und dich erst«, die Meysel.

»Wenn wir hier durch sind, Wim«, hätte der aus Berlin

zu sagen, »auf eine Zigarette an der Hotelbar? Einen Martini mit dir und Herrn Toto im Okapi?«

Wim ist noch wackelig auf den Beinen und mit der Stimme. Sein Blick sucht den von fiFi und dem Bürgermeister, er sucht nach Erlaubnis. Mit Harald würde er schon gerne … andererseits, nicht gleich alles auf einmal und …
… dann fängt Matilda den Stein nicht, er kullert zwischen die Schokolinsen. Am Affen merken es alle, tun aber so, als merkten sie es nicht.

Toto wird wieder zum Primatenmännchen. Er spricht kein einziges Wort mehr, kiekst bloß noch, sucht sich seine Kette und raucht zu Ende. Wim wird wohler, denn Lisettchen ist am Zug.

Über Hans aus einem Rezensionsexemplar in der Redaktion des *Khartoumer Echo, nach 2006: A. Heise, Der alltägliche Ausnahmezustand.* Wien: Picus 2006

Hans kam nach dem Boxkampf mit zweihundertfünfzigtausend Mark in den Taschen zurück nach Essen und ließ sich als Unternehmer nieder: Herstellung von Fenstern und Türen, Jalousien und Markisen aus Kunststoff. Das lief zwar gut, aber es langweilte ihn. Deshalb machte er auch noch ein Spielcasino auf, *Der Grüne Teppich.* Hans war selber leidenschaftlicher Zocker. Gespielt wurde Seven-Eleven um richtig viel Geld – und ohne Lizenz. Natürlich kam öfter die Polizei zur Kontrolle. Vorher aber, das hatte Hans so eingefädelt, kam immer ein Anruf. Dann spielten auf Kommando alle Gäste Mau-Mau. Heise, a.a.O., S. 29

Als 1977 die Sache aufzufliegen drohte, sagte Karl-Heinz Hütsch, Rechtsanwalt und Präsident von Schalke 04: »Hans, du verschwindest jetzt mal besser für ein paar Jahre.« Hütsch muss das sehr eindringlich gesagt haben, denn Hans rief sofort Fréderic Weymar an: »Was soll ich machen?« Weymar war entzückt. Heise, a.a.O., S. 29 f.

Hans, immer noch voller Bewunderung für diesen Fréderic Weymar: »Da musste erst mal einer drauf kommen!«

Hans wurde Generalsekretär der OTRAG, war viel unterwegs, musste außerdem regelmäßig Weymar Bericht erstatten. Heise, a.a.O., S. 31

Von den Anlegern kamen viele persönlich angereist, wollten sehen, worin sie da investierten. Es waren so viele, dass die OTRAG für ihre Unterbringung ein Hotel kaufte, das »Okapi«, sehr schön auf einer Anhöhe am Rande der Stadt gelegen. Heise, a.a.O., S. 33

Juhnke war als Erster stramm. Am längsten an der Bar hielten es außer Wim, der bei Mineralwasser blieb, die Gécaminister aus. Das nicht ohne Grund, sie wollten dem Rekonvaleszenten mal genauer auf den Zahn fühlen. Schließlich hatten sie Wim angeworben, möglicherweise jedenfalls, und schließlich konnte man nie wissen, was eine Raketenspitze, die einem auf den Kopf fällt, innen drin so alles neu verschaltet.

»Herr Thoelke, es gibt ein Dossier, das Sie bei Ihren Recherchen übersehen haben.« Der Gécaminister Fameux-Lapping schob einen Stoß Papier vor zwischen die Gläser. »C'est à dire, Sie mussten es übersehen. Es ist den steuerlich idealen Weg gegangen, über Monaco, Sie verstehen.«
»Nicht«, sprach Wim, »aber Sie werden es mir erklären.«
»Es handelt sich um Bilanzen der Fraternité, des französischen Kapitels der Heiligen Kirche«, und Fameux-Lapping war ihr Shabarmstädter Verbindungsoffizier. »Sie konnten es also gar nicht finden. Dürfen wir Sie bitten, einen Blick hineinzuwerfen?«

Wenn Wim erschöpft schaute, sah das mit dem Schwarzweißscheitel zwischen den Augen widersinnig aus, so wie zu Schminke gewordene Harlekintränen. Ob er sich konzentrieren konnte und nach der reizarmen Zeit im Kranken Haus noch den Spürhund draufhatte, war auch nicht klar. Immerhin versuchte er es.

Es ging um g'bohessasulische Ausschüttungen an Begünstigte jenseits des Innovationsparks, jedenfalls auf den ersten Blick. Sie stammten aus dem März 1974, der Vater der Nation persönlich hatte seinen Landeskindern die Aufwendungen aus den Rippen geleiert. »Demain débutera donc une grande collecte nationale«, las Wim auf Blatt 95 des handschriftlich paginierten Tip-tap-tippeldi-tip-Dossiers aus einer Remington:

Abb. 12

> Les agents de l'administration territoriale passeront dans toutes les villes, tous les villages et dans chaque famille du pays afin que tous puissent participer à cet élan de solidarité nationale et aider notre valeureuse équipe à grandir et à porter encore plus haut les couleurs de notre nation. Volker Mobutu, lange recherchiert & spät gefunden in: C. Raynaud, *La mort m'attendra*. Paris: Calmann-Lévy 2010

Die Agenten der Territorialverwaltung suchten die Städte und Dörfer auf, jede einzelne Familie im Land, um sicherzustellen, dass alle die Gelegenheit erhielten, am Schwung nationaler Solidarität teilzuhaben und der fantastischen Mannschaft zu noch größeren Taten zu verhelfen. Im Handumdrehen wurde der Leopardenfonds aufgelegt und mit Kapital ausgestattet, »des représentants gouvernementeaux ont quadrillé tous les quartiers et frappé à toutes les portes pour exiger de chaque famille le versement d'une obole pour l'équipe nationale de football« (Blatt 103).

Abb. 13

Die Regierungsvertreter klapperten die Hütten und Häuser der G'bohessa-Suler ab, an jede Tür klopften sie, um den Obolus einzutreiben. Bis hierhin so weit, so üblich.

»Da steht Nationalmannschaft«, fiel Wim auf. »Die Heilige Kirche besitzt auch die? Ich dachte, nur Vereine.« Statt zu antworten, beugte sich Fameux-Lapping vor. Zehn dicke Finger wühlten sich durch den Stapel Blätter, suchten und fanden, klopften aufs Papier.

Für den einzelnen Spieler, las Wim, sei die Währung zur Begleichung seiner G'bh-S-Schulden die Teilnahme an Länderspielen: »seiner« unterstrichen, *de ses dettes*. Im Erfolgsfall amortisierte es sich.

Sie gaben alles für ihr Land, hieß das, und ihnen ward gegeben. Wim erkannte das System wieder, Win-win, hier als Kippbedeutung des Prämienbegriffs. Das Zu-Entrichten und das Verdienen, eingetrieben vom Ganzen und ausgeschüttet von seinen Teilen – Finanzämtern, Minengesellschaften, Fußballklubs –, womit alle bestens versichert waren.

»Und?«

»Une prime de mille dollars«, Fameux-Lapping leistete Lesehilfe, »oben, zweite Zeile.«

»Die Fußballer, äähm, ... wie immer, nichts quittiert?«

»Der steuerideale Weg«, sphinxte Fameux-Lapping, »wie gesagt.«

Wim schwieg, das Rätselhafte war ihm vertraut. Auch in den Papieren tauchte es auf, sein Gespür für die Bilanzsprache gewordenen Fundorte hatte ihn nicht verlassen. Es ließ sich wie immer leicht überlesen.

»Aushändigung der Prämie vor dem Spiel gegen Crvena Zvezda Jugoslawien.« Wim bohrte trotzdem ein bisschen nach: »Oder?«

»Chapeau.« Fameux-Lapping amüsierte das. »Sie haben es drauf. Eins a, immer noch!«

»Die Kicker haben es nicht wirklich gedankt«, Wim, ohne aufzusehen, stöberte durch die Blätter 117 folgende. »Null zu neun, Ilunga Hölzenbein tritt dem Schiedsrichter in den Hintern, rote Karte für Mulumba (Blatt 124)? Halt ... keine Übergabe *vor* dem Spiel, der Funktionär mit den Prämien musste abreisen, einer von Ihrer Heiligen Kirche war das, nehme ich an? Volker Mobutu persönlich brauchte ihn dringend daheim und ließ den Fußballern ausrichten, äähm … qu'il se chargera personellement de récupérer cette mallette (121), die Spieler würden ihr Geld bei der Rückkehr nach G'bohessa-Sul bekommen.«

Die Gécaminister um ihn rum starrten Löcher in die Luft, pfiffen den Tresen an und musterten die Halbmonde ihrer Fingernägel. Ihr Verbindungsoffizier räusperte sich.

»Vrai«, mühte sich Fameux-Lapping, »und das war, sagen wir, nicht gut für die Motivation der Mannschaft.«

Wim kräuselte die Stirn in helle und dunkle Falten. Sein Verständnis von Prämie war ein anderes, sie hatte mit Leistung zu tun, egal wie erbracht.

»Und mit Realien«, erriet Fameux-Lapping seine Gedanken. »Wir haben die Nationalspieler dann in Mörtel und Steinen ausgezahlt, Ritschratsch-klick-Kameras, Motoren und natürlich Pneus en caoutchouc, einen flammenneuen Passat pro Nase. Steht vorher da«, er beugte sich vor und rauschte mit der Rechten durch den Stapel Papiere, »Blatt 102«.

»Der Passat«, fand Wim, »war eine Aufmerksamkeit des Herstellers.« Vorführen lassen wollte er sich nicht. »Gleiches Blatt, weiter unten: pas un cadeau gouvernemental mais un don de Volkswagen.«

Fameux-Lapping lächelte, die Mienen der anderen Gécaminister wechselten von unbeteiligt zu beteiligt und besser wissend.

»Hach, die Volkswagenschuldigkeit«, amüsierte sich der Verbindungsmann, »was glauben Sie, Thoelke, über wen schreiben die ab?« *Auch* die, sollte das heißen.

Über die Heilige Kirche. Wim dachte die Sache zu Ende.

»Dann scheint alles in Ordnung«, attestierte er in die zufriedenen Gesichter der Herrschaften. »Ich finde nichts«, mal wieder.

»Barkeeper! Monsieur Okapi!!« Einer bestellte für alle, diesmal mit Umdrehungen auch für Wim.

»Auf die Fraternité!«

»Einer für alle!«

»Tant de bien.«

»Jägermeister und Asbach Uralt«, von Toto, der aus dem Nichts aufgetaucht war und wieder menschelte. Lisettchen hatte eine schlappe Linse geschafft, mehr nicht.

»Jetzt kommen die Kopfschmerzen«, merkte Wim.

»Es ist ein Anfang.«

Toto aus dem Nichts aufgetaucht, das stimmte für Wim. Für die anderen nicht, der Affe war in die Hotelbar gekommen, um nach dem Rechten zu hören. Fameux-Lapping zog ihn beiseite und dozierte über das Dossier und Monsieur Thoelke, wie der es durchgeackert und richtig, immer noch vollkommen richtig zu lesen verstanden hatte.

»Dann kann ich ja wieder rüber ins Borcherdt, a.a.O., S. 239 Restaurant«, brummte Toto nach einem schnellen Kräuterschnaps. Die Shabarmstädter Gécaminister ließen Grüße ausrichten.

Götterdämmerung

Kapani Tono, 1. Oktober 1976

Ich weiß schon nicht mehr, wie viele Tage ich wieder hier bin. Der Tageslauf ist zur Routine geworden. Die Bauten wachsen wie Felsblöcke aus dem Boden. Mit Freude sehe ich die Verwandlung vor sich gehen. Die Zerstörung, die wir notwendigerweise anrichten, hält sich in Grenzen. Ich suche so viele Bäume wie möglich zu erhalten. Die Wege sind Umwege um die wichtigsten Baumgruppen. Das Menschenwerk ist zwischen die Natur eingebettet. Die Landschaft soll stärker sein als das Gebaute. Es wächst etwas, das gut werden könnte.

Am Abend sitzen wir beim Essen im Zelt, trinken, reden, was Männer, mit sich allein gelassen, halt so reden. Γ

Abb. 14

Im Restaurant war der Rest der Freigiebig Verschuldeten versammelt, trank und redete, was Männer, mit sich allein gelassen, halt so reden. Die Meysel war schon im Bett.

»Wo steht der Innovationspark in zehn Jahren?«, bohrte der Schulbuchverleger.

Der Kommanditist blickte vielsagend seinen Kompagnon an. Der schielte zum Bürgermeister, dann zu Hans. Der auf Weymar und Toto, und der ließ fiFi den Vortritt.

»*Wo* ist klar«, antwortete fiFi dem Mann, den Weymars rechte Hand Hans als Anleger bezeichnen würde. »Hier.« fiFis Hand schnappte auf und zeigte um sich. »Interessanter wird sein, *was* steht 1989 im Innovationspark?«

»Ein Delfinarium.« Rebroff hatte den Prospekt studiert und gehörte außerdem zu den Ungeduldigen. »Die Phantasialänder der Welt haben heute schon eins. Wo ist das interessant?«

fiFi überhörte den Spruch. Er ließ sich nicht aus der Ruhe bringen und zwinkerte den Verleger an.

»Verblüffen wird Sie das Material der Becken und der Traglufthalle«, sagte er.

»Mit *Gbodalit* beschichtet sind die.« Toto sprang ihm bei.

Aha.

Mit was?

Der aufsichtsratsvorsitzende Affe und fiFi mussten es im Ping-Pong erklären.

»Aus dem Weltraum in unser Freizeitparadies.«

»Symbiose von OTRAG und Safariland KG.«

»Wie das Prinzip Teflon, im All und in der Pfanne.«

»Nur kein Hitze*schutz*, sondern wärme*speichernd.*«

»Einmal aufheizen, hält für Monate.«

»Warmes Wasser für die Tümmler, kuschelige Temperaturen in der Traglufthalle im Winter.«

»Gbodalit, nur echt aus G'bohessa-Sul.«

»In den nächsten Jahren reifentwickelt und patentgeschützt. Gbodalit!«

»Nur noch nicht weitersagen.«

»Bloß nicht.«

»Sie verstehen schon. Alles fürs Vaterland.« Und wieder zwinkerte fiFi alias Hock, Leiter des Finanzamts Offenbach-Land.

(3)

Tja, der Hock.

Einer fürs Gemeinwohl war das, und fast ein Robin Hood. Ein g'bohessasulischer Sozialdemokrat, wie abgepaust aus dem Lehrbuch.

Beispiel? Li, das Parkett gehört dir: Fangsteinwechsel.

Der *fonds léopards*, die in jedem Haus und jeder Hütte eingetriebenen Schulden für Volker, Vaterland und die Auswahlkicker. Diese Abgaben mussten sich auch für Otto Normalg'bohessa-Suler amortisieren, fand Hock, da muss der kleine Mann mehr von haben als nur ein gutes, weil entschuldigtes Gewissen. Also haute er in Brazzaville-Kastel im Arbeitskreis Steuerreform auf den Tisch und forderte neben einer »Anhebung der Besitzsteuer eine spürbare Entlastung kleiner und mittlerer Einkommen«. E. Martin, »Ein Steuerparadies in Hessa«. In : *Die ZEIT*, 22. Februar 1985 Raubkatze und Reptil schön und gut, aber klein musste klein bleiben, damit groß möglichst groß werden konnte. 58,3 % Spitzensatz waren immerhin stattlich und damit verlockend, sehr verlockend für die Schulbuchverleger und Showmaster.

Von dem hohen Satz für die dicken Ottos im Land, die Reichen und Superreichen, hatten auch die Normalottos was; die Nummer funktionierte ähnlich wie die der Heiligen Kirche der Gécamlnister. Gebt dem Leoparden, dessen Erde und Treuhänder euren Obolus zu verwandeln wissen in Wohlstand für euer Altenteil. Unter den wachsamen Augen vom Chef-Chef entstanden aus den Fondsgeldern Unternehmen. In diese Unternehmen flossen Teile der 58,3 %, direkt und bilanzsauber, um aus dem Inneren des Landes und ihrer Menschen, der Stratosphäre und den Brot-und-Spiele-Gelüsten Wert zu schöpfen. Cobalt, eines Tages Gbodalit und das Gbh-V, Eintrittsgelder.

Natürlich gab es unter den 58,3ern auch die misstrauischen, und denen musste der hohe Satz anders schmackhaft gemacht werden. Klar, wie das ging: Hock etikettierte um. Er verkaufte Zahnärzten und Schlagersängern ihre besonders große Schuld als Gewinn, als Freude am Geben und Freiwilligverschuldetsein in der g'bohessasulischen Tradition. In den Dokumenten stöberte Li das Erfolgsmodell eines Kinfurter Steuerberaters und Wirtschaftsprüfers auf, Georg Bader. Das Zauberwort und der zuckrige Mantel um die bitterhohen 58,3 % hieß »Verlustzuweisung«. Investiert die Hälfte eurer Schulden einfach in indirekt bilanzsaubere Körperschaften, hieß das. Sie gingen, wenn Hock richtig zuwies, dem Gemeinwesen nicht verloren, sondern machten einen Schlenker, richtiger müsste es »Umwegszuweisung« heißen. Und profitieren, dachte Hock für sich, profitieren wird davon über einen weiteren Umweg – erschwingliches Maniok und preisstabiler Kochkäse bei moderat steigenden Löhnen – wieder der kleine Mann.

Hock verteilte kraft seines Amtes wirkungsvoll von oben nach unten. In einer belobigenden Rückschau heißt es:

rauen, Otrag-Raketen
und eine Wahlenthaltung

SPD-Benz-Geschichte:
Zwei ZeitzeugInnen sehen andere Hintergründe

„Ich war selbst bei Hausbesetzungen dabei, beispielsweise bei der Besetzung ...hausblocks", meldet sich Carl- ... telefonisch nach der ...stadt kursiert das

Eine ... will er nicht ... ehr in de

Abb. 15

> Selbst den Weltraum wollte das Gespann Hock/Bader mit Verlustzuweisungen erobern. So bestätigte Hock am 21. Oktober 1974 und am 1. Juni 1976 auch das von Bader vorgelegte Konzept der *Orbital Transport- und Raketen-AG (OTRAG)*, was bis 1977 zu Verlustzuweisungen in der astronomischen Höhe von 215.604.438 G'bh-S-Mark führte. In Wirtschafts- und Steuerrechtsfragen wurde die OTRAG von Rechtsanwalt Metzger – heute Oberbürgermeister von Shabarmstadt – beraten. Martin, a.a.O.

satirisch
justizhörig
experimentell
wahrheitenliebend
frei-volksherrschaftlich

Zeitu… …armstadt

of
bis
kritisc.
unabhängig
überparteilich

…eitag, 12.3.1993
…, Kalenderwoche, 4

Nummer 45

…preis 2,70 DM
D 11485 …

Abb. 16

…ottland geflogen. …
…n Plutonium in dieser Größenord-
…ng nach einem Absturz im Rhein-
…ain-Gebiet bei einem Brand freigesetzt
…ürde, dann wäre das Gebiet auf Dauer
…cht mehr bewohnbar." Fischer hält sol-
Transporte für „ein enormes Sicher-
…risiko und absolut verantwortungs-
…." Die Pläne seien für Hessen und für
…ng des Rhein-Main-…

…weiter, „Gerad…
was wir nicht wollten. Uns…
eher linke SPD. Die dahin bri…
gen, wo sie eigentlich hingehören. M…
den Grünen konnten wir derzeit nicht,
unsere Politik ging nur um die Kirch-
turmspitze. Keiner von der WGD hat
damals persönlichen Vorteil genom
men, keiner hat einen Job gekriegt".
Ob denn nie ein Job angeboten w…
…st? „Doch schon, sicher, aber
…ollten nicht. Wir haben das nich…
…er Metzger gemacht, der ha…
glatt 130.000 DM kassiert fü…
Gutachten, die nix war'n, nur e…
Seiten für das Luisencenter. L…
konnten wir durchsetzen, daß da…
90.000 DM runtergeschraubt wurd…
das war aber immer noch viel zu vie…
Es stimmte auch nicht in dem Berich…
daß der Metzger wegen dem Carsten
nach Darmstadt gekommen ist ode…
seiner Frau", Fetsch will anderes wissen: „der war in die Sache mit den
Otrag-Raketen verwickelt, da hat er
doch Empfehlungsschreiben …
…ufgesetzt"

Abb. 17

…ei Metzger sah es noch sch…ner aus
…nehreren großen Tischen, die in seinem
…eiträumigen Büro aufgestellt waren, drä…
…sten voller senkrecht eingeschichteter Akten und
…ichtmappen – als ob sämtliche Vorgänge in der
…tung sich hier ein Stelldichein geben würden.
…cher Mann, der im Prinzip alles auf seinen
…n stehen hat, meint keinen Rat zu brauchen
…cht schon gar keine neuen Probleme,
…cht in der Aktenfülle auf seinen
…örpern. Ein solcher Typ ist vor
…ssiert, die anstehenden Vorgänge

…einer ersten
…**…schen**
… dem
…rt

Abb. 18

Der »Reformer Hock« und »fidele Finanzamtsvorsteher« (auch: fiFi) leierte den Superreichen satte 216 Millionen für den Innovationspark aus dem Kreuz: So sah's aus. Privat lebte er eher bescheiden und brüderlich, was Li amüsiert zur Kenntnis nahm. Seit 1973 besaß er als Dankesgabe ein wenig Land »in Nieder-Roden von Bauingenieur Edmund Koster« und im selben Jahr beschenkte er seine Schwester Ilse mit einem vom Mund abgesparten »100.000-Mark-Grundstück in Dudenhofen«. Martin, a.a.O.

Doch das war nicht alles, so Li. Der Leopardenfonds und die Umwegszuweisung wurden zum besonderen Anliegen eines Kreises Freigiebig Sozialdemokratisch Gesinnter, der sich abseits offizieller Gremien wie denen in Brazzaville-Kastel seit Dezember 1974 traf. Südlich von Shabarmstadt, am Rand der Minen und großen Gruben, fanden Bader und manchmal Wim, ein Herr Erlemann und natürlich Hock zusammen. Mal hatten sie Gäste – eine Lobbyistin aus dem

Diamantensperrgebiet in Südwestafrika oder den Stöffschehändler Hans –, mal nicht und blieben unter sich. Eifrig bastelten sie am Umverteilungsmodell und putzten Klinken. Denn es kam Gegenwind auf. Der direkt bilanzsaubere Weg, die einfache Abgabe-ohne-Hinterfragung mit gemäßigtem Abgabesatz und kleinem Abwurf für Klein-Otto stand gegen den indirekten großen. Die Hockheimer mobilisierten, wen sie mobilisieren konnten ... und kassierten einen Stüber. Der Vater der Nation war nicht amüsiert, als »das angeblich genehmigte Abschreibungsverfahren im Wirtschaftsministerium auf Bedenken gestoßen war«, und zeigte »sich darüber verärgert«. *Politisches Archiv des Auswärtigen Amtes*, Zwischenarchiv, Bd. 124267, »Schreiben Finanzamt Offenbach-Land an die OTRAG AG, 15. 12. 1975 [sic!]«. Aufgestöbert in D. Gounaris, *Die Geschichte der sozialliberalen Rüstungspolitik*. Berlin: Springer 2019, S. 470

Der Stüber war blöd, aber noch keine Niederlage. Der Kampf des Kreises um Hock für hohe Schuld und Abschreibung zum Wohl der g'bohessasulischen Gemein- und Körperschaften zog sich weiter in die Länge. »Bis zum Jahr 1980«, so der Plan, »sollten von 1.500 Anlegern, vor allem Rechtsanwälten und Ärzten, annähernd 160 Millionen G'bh-S-Mark eingezahlt werden.« Im Graben auf der anderen Seite: die Sparbrötchen in den Ministerien und Behörden. Nach wie vor hatten die nichts übrig für Erträge für das Gemeinwesen durch Körperschaftsgründungen durch Verlustzuweisungen und wollten weiter herkömmliche Abgaben sehen. Hocks Zahlenwerk rechenschoben sie ins Schlechte. »Bei einer angenommenen wirksamen Steuerbelastung von im Schnitt 60 Prozent«, moserten sie über Hocks 58,3er, »und der obigen Verlustzuweisung« – den 216 Milliönchen – »ergaben sich insgesamt 285 Millionen G'bh-S-Mark Steuermindereinnahmen der öffentlichen Hand«. Gounaris, a.a.O., S. 480

Mindereinnahmen, ach Gottchen. Die wollten es nicht picken! Hock und sein Kreis zogen andere Saiten auf, und die mit den Ärmelschonern folgten. Man überzog einander mit Klagen und Gegenklagen, einstweiligen Verfügungen und sogar Strafverfolgung: Ministerialbeamte gingen oder wurden gegangen, manchmal reichte der eine berühmte Karriereschritt zu viel: der über die Hochplateau-Kante von Kapani Tono. Erlemann landete in der JVA Shabarmstadt-Eberstadt. Martin, a.a.O. Der Kreis organisierte Schulungen und massierte die Entscheidungsträger, die Bremsbacken machten es genauso. Beide ließen Berichte schreiben und Gutachten erstellen. Es entstanden pressure groups wie die *Débrouillisten*, die nach Artikel 15, SchuFi (für: Schuld- / Finanzgebaren)-VO verfuhren und das Motto »Bedient euch« in seiner basissozialdemokratischen Fassung – »Spricht der Kumpel zum Kumpan: Her mit Kupfer und Uran!« – vor sich hertrugen. Natürlich steckten die Débrouillisten mit der Heiligen Kirche unter einer Decke und machten aus Katanga, einer Gegend, in der der FSV Wehen Wiedergeburt Kasaï hoch im Kurs stand, über Bruder Albert (Kalonji) Druck. Das führt jetzt etwas in die Details, hatte aber Bestand. guckst du hier: M. Wrong, *In the Footsteps of Mr. Kurtz*. London: Fourth Estate 2000, S. 147

So weit Lisettchen, die nach zwei eingeheimsten Linsen den dritten Wurf verpatzt. Toto kann wieder sprechen, hat aber in dem, was jetzt kommt, keinen Auftritt.

»Ich bin's.«

»Frau Hesselbach-Adoo?«

»Adoo, Ada, wen schert's.« Die Gécaministerin verstellt sich. »Die aus Seeheim jedenfalls.«

Der Kreis schließt sich und hat die nächste Abweichung von der geoeinfachen, standardmäßig sortierten Welt parat:

Abb. 19

»[—?]«

»Die von Ada's Buka.«

»Für mich sehen Sie aus wie meine Ärztin«, meint Wim, der Steigbügelhalter-Hilfe nötig hat im Spiegelglashaus von Daki Tari.

»Dann meinetwegen Doktor Adoo«, antwortet die Gécaministerin, »wir sind da gerne flexibel. Vergessen Sie Ada's Buka.« Vergessen Sie mein Restaurant, vergessen Sie überhaupt die Zukunft der Gastronomie auf unserem Gespaltenen Hintern. Okapi, @laterrazzagg, adas-buka.de »Ich habe Ihnen zweierlei mitzuteilen, Thoelke. Erstens«, lügt oder erfindet sie, »dass Sie ganz fantastisch in Ihre Spur zurückgefunden haben. Der Raketenklaps auf die Schädeldecke hat Ihre Resilienz herausgefordert, und die – Ihre Resilienz – kann sich sehen lassen! Ihr Monaco-Test war beeindruckend. Einhundert von 100 Punkten, tolle Wiedereingliederungsprognose. Sie sind fit für weitere Aufgaben.«

»Und zweitens?« Wim riecht einen Braten. Er ahnt, Finden-Wollen wird ihm nie wieder einfach von der Hand gehen, unschuldig und unbeschadet. Aber Fragen formulieren, die sich instinktiv nicht falsch anhören, das geht. »Zweitens, wie viel schulde ich euch Kirchenheinis und was muss ich tun, um es zu begleichen?«

»Ach, Thoelke«, auch die Gécaministerin riecht einen Braten. »Nicht so. Sie kommen von selbst drauf, wenn Sie wollen. Sie müssen nur genau das: es wollen und dann tun. Wir von der Heiligen Kirche sind bei diesem Vorgang unbefugt, it's a free country.«

»Ich fragte nach meinem Schuldenstand!«

»And it is your free mind!«

Worum es hier etwas kindergartenkonflikthaft ging, ein côtedazuricher Flic fiscal lässt grüßen (»Was schulde ich euch?« – »Denk selbst nach!« – »Nein« – »Doch!« – »Nein!« – »Ooh!«), und was die zwei miteinander ausbaldowerten, war Wims nähere Zukunft als eine halbwegs erträgliche. Denn nicht mehr er selbst konnte seit dem Raketenspitzen-Schädeldecken-Kontakt über sich befinden, obwohl ihm genau das nahegelegt wurde: it is *your* mind. Die Gécaministerin suggerierte ihn, wenn man so will, in einen Verblendungszusammenhang hinein, den er als solches – als Verblendung – selber sich zusammenhängte. Sie triggerte eine Disposition, die im Augenblick des Pigmentapoplexes in ihn einkopiert worden war und der Wim auf den Leim ging. So machte er sich dran, es mit sich machen zu lassen.

Wieder ging es um Fußball und den Obolus der schuldbegleichungsfreudigen G'bohessasuler als direkter Verlust-Gewinn oder indirekte Umwegszuweisung. Wim bekam ein Protokoll vorgelegt und sollte es evaluieren, so wie vorher an der Hotelbar Fameux-Lappings Dossier aus Monaco.

Also bewertete er es, und – *neu!* – die Heilige Kirche der Gécaminister reservierte extra die Kanzel für den Kleinprominenten aus dem Sanatorium-Homivarium. Wim präsentierte sein Votum auf Radio Ecclesiae, dem kircheneigenen Sender.

Der Fußball solle gefälligst ganz normal seine Schulden am Gemeinwesen abführen, stand in dem Protokoll. Eine Freigrenze von 300 G'bh-S-Mark war vorgesehen, bis 700 Mark konnten als Gage fließen, wenn der Spieler eine MRP- oder MPR-Karte besaß (*Mes Revenues Personelles*, Meine Persönliche Rückerstattungen) und darüber Abgaben entrichtete. Seit 1975 existierte die Direktive, die von den Normalsteuereintreibern durchgesetzt worden war und der Heiligen Kirche nicht schmecken konnte. Denn Freigrenze und MPR oder MRP waren genau das: ein Eintrag auf einer Art Steuerkarte und damit die Festlegung auf unkreativ zu leistende Abgaben. Sie waren schlechter Fiskuszirkus, ein Machwerk der Sparbrötchen. Jetzt beugte sich der volkswirtschaftsweise Wim über diese Direktive und konnte, wenig überraschend, ex cathedra ein klares Votum loswerden.

»Für den Laien«, polterte er ins Mikrofon oder versuchte es so gut es ging bei aufziehendem Kopfschmerz und dem Gefühl, nicht nur stimmlich an Volumen zu verlieren, »für den Normalcitoyen, der aus Lust und mit Talent dem Fußball frönt, scheint die Einführung der 300–700er Grenze unverdächtig. Die im Fall der 700er vorgesehene Zuwendungs-Abführung, die, ich betone es, keine Verlust- und erst recht keine Umwegszuweisung vorsieht, über MPR-Karte ist ein vom Recht des Landes G'bh-S gedeckter und seinem Selbstverständnis entsprechender Vorgang.« Das klang schon wieder kleinbisschen verschwurbelt, also einfacher: »Auf MPR-Karte kickt der Kicker und entrichtet das, was alle von ihm erwarten, *auch* von ihm.« Luftholen und, nicht bewusst, ein Griff an die Schläfe mit Kurzmassage. Absatz.

»Nur macht man mit der 300–700er Grenze den Fehler, den Spieler zu sehr als Einzelperson zu betrachten und zu wenig als eingebunden in Strukturen, die wie er am lebendigen Abgaben-und-Zuwendungszirkel teilhaben. Ich meine sein Habitat: die Vereine. Denn auch die sind unmittelbar betroffen von der Direktive, und zwar im Fall eines Verstoßes, für den sie haften, obwohl es ihn – genauer betrachtet – überhaupt nicht geben kann, weil jede Zuwendung, auch die über den Freibetrag hinaus, sich später zu*rück*wendet an den Gebenden, als Verlust- oder sonstige Zuweisung, und damit dem Gemeinwohl zugutekommt. Die Vereine sind, im Sinn einer – unserer – G'bohessa-Sulité, wie Unternehmen, Kirchen, Parks gemeinnützig. Gemeinnützig!«

Wieder Absatz, hiermit vollzogen. Wim rang zum zweiten Mal nach Luft, was seinen Wortschwall unterbrach, was bei den Radio-Ecclesiae-Hörern ankam wie eine wirkungsvolle Kunstpause.

»Hierzulande erwirtschaften Vereine durch ihr Prämiensystem, das dem einzelnen Fußballer und dem von ihm repräsentierten Land ein generationenübergreifend wohlstandssicherndes Give-now-and-take-later sichert … hier erwirtschaften Vereine durch ihren Auftrag einer überindividuellen Fürsorge überhaupt erst das, was für ein beständiges Gemeinwohl unerlässlich ist. Die Vereine kehren ideell mehr an Prämien aus als die läppischen 700 Tacken, die der begünstigte Kicker reinvestiert, denn er ist ebenfalls G'bohessa-Suler. Die Gemeinnützigkeit der Vereine ist also eine nach dem Motto ›Je mehr zugewendet, desto mehr zu*rück*gewendet‹, wie gesagt.«

Luftholen, der Kopf dröhnt und Wims rechte Hemisphäre ist reichlich blass. Er spricht wie gedruckt auf Papier aus einem krächzenden Needle Printer mit nur noch wenig Tinte im Tank.

»Exakt diese Gemeinnützigkeit wird den Vereinen mit der Anweisung in dem mir zur Evaluierung vorgelegten Protokoll entzogen. 300–700 ist für ein Land wie unseres, wo die Unterteilung in Amateur- und Profifußball ein Relikt aus alten oder niemals erlebten und nur im Ausland geläufigen Zeiten ist … 300–700 ist der unlautere steuerordnungspolitische Versuch eines Anschlags auf die – ich wiederhole den Begriff, der allen etwas sagt, nicht nur den Akademikern – … auf die *Sulité*. 300–700 steht allem entgegen, was die Schatzmeister des Landes jemals als gemeinnützig empfunden und woran sie ihr Handeln ausgerichtet haben.« Wim kann nicht mehr, was man seinen Worten bis hier nicht anhört. Er hat Schmerzen. Seine rechte Körperhälfte schattiert sich endgültig ab in eine ungesunde Farbe, eher grünlich ist die.

Den Rest seines Gutachtens, das er statt eines Fazits mit einem Zitat aus der führenden g'bohessasulischen Fußballfachzeitschrift und damit offen enden lässt, spricht eine gécaministerielle Priesterstimme ein:

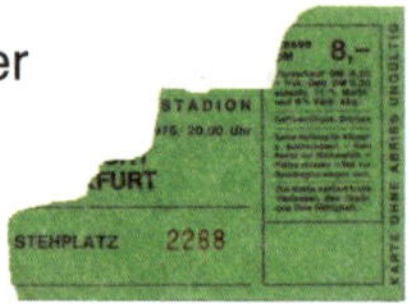

"Wir bestimmen nicht, wer noch Amateur ist, sondern die Finanzämter", stellt der Schatzmeister in der Sportschule Grünberg fest. Während Roths Vortrag über "Steuerfragen der Vereine" wird so manchem Vereinsvorsitzenden etwas blümerant zumute.

Abb. 20

Jede Mark, die über diese Grenze hinaus dem Spieler zufließt, kann den Verein und damit auch den Verband, der für seine Mitglieder verantwortlich zeichnet, die Gemeinnützigkeit kosten. Gemeinnützigkeit wird nur denjenigen Organisationen zugesprochen, die nach den bestehenden Gesetzen kein Mitglied »unangemessen bevorzugen.« Acht Mark dürfen die Vereine ihren Spielern für ein Heimspiel, 24 Mark für ein Auswärtsspiel vergüten. Über Aufwandsentschädigungen, die die

Spieler für die Trainingsteilnahme erhalten, müssen genaue Listen geführt werden. Im *G'icker* nirgends gefunden, nur hier: www.raubkatzen-remington-archiv.de/1975/1975-08-15st.html

»Das kann und darf nicht sein«, hängt die Priesterstimme noch dran, dann Musik, *Kolwezi-Kolwezi-Kolwezi, oh-ho-ho!* zu Orgelmusik. Wim, im Liegen, schwappt das Lied in der Sakristei bis vors Ohr, weiter nicht.

Wir haben es eilig, Matilda wirft sich den Stein schon lustlos auf den Schädel. Lange wird sie nicht mehr dran sein, Lisettchen wird wieder übernehmen und in unserer Textwelt die einfache Karte spielen. Also dalli, die Sache mit den Vereinen und ihrer Gemeinnützigkeit zu einem Ende gebracht:

Wims anklagendes Dossier verfängt bei den Radio-Ecclesiae-Hörern schneller als in den Finanzbehörden. Letztere weigern sich weiter standhaft, von einer direkten Besteuerung der Kicker abzusehen. Erst ein Vierteljahrhundert später, als der Vater der Nation seine Selbstvererbung längst begonnen hat, strecken sie die Waffen und die Heilige Kirche gründet einen Ableger ihres Fußballsegments aus, die *GbhsFL* (G'bohessasulische Fußball Liga). Der Fußball wird zum Blue Chip, Start-ups umkränzen ihn, Vereine gründen sich neu oder gründen sich, frisches Geld aus den Obolussen fließt und ist kein Risikokapital mehr, sondern praktizierte einträchtige Sulité. Die Gécaminister reiben sich den Bauch und auch den Sapeurs vom Hockheimer Kreis ist die Kapitulation der Gegenseite ein innerer Straßenkarneval.

Doch jetzt noch mal zu Hans, der an verschiedenen Orten und zu unterschiedlichen Zeiten auftaucht und ein ganzer Stall an Hansemännern zu sein scheint mit seiner wandlungsfähigen Erscheinung und einem Gespür für das nächste lukrative Geschäft. Für die Gläubigen der Namenskontinuität ist Hans nichts weniger als eine g'bohessasulische Legende und ein Heiliger, den die von der Gécaministerkirche verehren (lassen).

Nochmal zu Hans. Der Mann mit dem unfehlbaren Instinkt für Rohstoffe war schon immer da, das halten wir fest, so wie die Praxis der freiwilligen Abgabe und eine G'bohessa-Sulité. Deep Hans, es gibt Dokumente über ihn, die stammen aus prä-g'bohessasulischen Zeiten, und die rechte Hand von Finanzmakler Weymar mit seiner Spielcasinovergangenheit ist nur die jüngste seiner Ausfertigungen.

Eine andere ist der Wanderhändler, der aus einer Milchsafttiefe bis in den Oberflächenrahm der Zeit getrudelt kam, als der Kreis um Hock ihn zum Vortrag einlud. Folgende Bewandtnis hatte es mit *mzee Jean* oder *Hans zamani*, wie er in der vorg'bohessasulischen Ära genannt wurde:

Um 1728 trat er, glaubt man den wenigen erhaltenen Quellen, als Händler von vergorenen Baumfrüchten auf (»Essigäpfel Jean«), der in den Obstwiesen rund um die Gruben im Süden erntete, was er in Mieten zwischenlagerte und als Bofrost-Mann frei Hütte in die Krale entlang der breiten braunen Flüsse lieferte. Zweiter Beleg, eine Übersichtskarte der Laubwaldungen bei Shabarmstadt, Maßstab 1 : 22.000, von 1843, wo eine brasilianische Hevea seinen Namen trug als holzgewordene Ausführung in einer Nebenlinie der Legende und wo er als ein Stückchen Lyrik auftauchte. Oratur auf unauffindbarem Pergament, mutmaßlich bei einem Kriegsbrand 1944 zerstört, zit. in: K. Esselborn (1917), »Sagenhaftes aus den Shabarmstädter Wäldern«, *Hessasulische Chronik 7*, S. 228

An einem Baum, hier in dem Hain,
schlief oft ein Kautschukhändler ein.

Soviel von ihm sich sagen ließ:
zamani Jean sein Name hieß.
Einst wachte er auch nicht mehr auf.
Beschloß hier seinen Lebenslauf.
Die Stelle wird, wie viel bekannt,
Kwa Hans Zamani jetzt genannt.

Tableau mémorial, Hoteli ya uwindaji Jiwe la Crane

Dritter Beleg, eine undatierte Erinnerungstafel, Öl auf Blech (was heute überkommen automobilesk rüberkommt: Öl und Blech. Doch G'bohessa-Sul war nie der Ort für nichtfossile Antriebstechnologien oder eine klimaneutral hergestellte Karosserie). Hans zamani, wie er an Hans Zamani lehnt, dem Baum. Er sieht mächtig erschöpft aus, die Augen fallen ihm zu unter einer gefurchten Stirn und zwischen Falten, die aussehen wie unfertiges Whitefacing oder der Barcode auf dem Körper eines anderen. Wichtiger ist oben links das Astloch, aus dem sich die *hovea brasiliensis* zähflüssig ausgeweint hat in ein Holzfässchen auf der abgeschnallten Rückentrage.

Abb. 21

Hier kommen Baum und Mann, Namengegebener und Namensgeber zusammen: Hans zamani, es ist die Ursprungsszene der Kautschukgewinnung. Kein Essig oder Apfelwein schwappt in seinem Fässchen, wie noch 1728, sondern Latex, jawohl: Latex. Noch kennen der müde Hans und sein Porträtist das kongeniale Alter Ego nicht, den tiefen Hans anderswo, der aus Kautschuk anderswann Pneus macht. John Dunlop ist 1843 noch ein Dreikäsehoch, er wird mit 47 Jahren Technikgeschichte schreiben und das Stöffsche Karriere machen lassen. Fahrradpneus, Automobilreifen und Rennwagenpuschen – ingenious John, Jean caoutchouc, mpira Hans und der Gummischäng.

Deep Hans, St. John of the Rubberchrist, Jean takatifu. Spätere Ausfertigungen von ihm kratzen, so die Legende, rötliches Erzpulver aus der Erde, als G'bohessaville noch Elisabethenstadt hieß; andere strahlen als erste Märtyrer in Ober-Katanga oder überleben in Kubwa-Lubumbstadt. Dem schutzheiligen Hans verdankt das Land bis in die 2000er

Jahre Kupfer und Uran und das Gbh-V einschließlich ihrer Inwertsetzung, sagen egal-wen-du-fragst: Erlemann oder Hock, Ada oder Fameux-Lapping, Kommanditist oder Komplementär, der Vater der Nation oder die selbstbuddelnden Débrouillisten.

(4)

Ich, sage ich wieder im ethnografischen Präsens, muss mich wehren gegen den Verlust an persönlichem Volumen. Gegen MS existentialensis, den Muskelschwund am Mir-Selbst.

Der das sagt, ist natürlich unser Wim. Wir müssen ihn begleiten.

Aufgeben ist nicht, und die Urheberschaft am Wunderwort *G'bohessa-Sul* lasse ich mir nicht nehmen. G'bh-S mit Apostroph und Bindestrich! »Gbodalit«, »g'bohessasulisch« und »G'bh-Viren«, pfft!

Die Kopfschmerzen verändern sich, sie stechen weniger, sind dumpf und kommen mir vor – es klingt komisch, versteht mich überhaupt jemand? – wie die Unterseite von Schmerz. Im Kranken Haus von Daki Tari, das ich zu begreifen beginne als nicht nur Sanatorium, sondern gleichzeitig Schaukasten für Besucher (die ich im Gegenblick bestaune, rückbetrachte im wahren Sinn des Wortes. Safariland-Eselchen füttern aus ihren Mäulern die Besucher.

Abb. 22

Abb. 23

Sie geben ihnen Vorverdautes in die bittenden Hände, ehe es in Vorratstaschen verschwindet) vollzieht sich die Wandlung von hellen Kopfschmerzen zu stumpfen. Ich meine zu spüren, dass es in der rechten Hirnhälfte stärker rumpelt, was Dr. Hesselbach-Adoo nicht überrascht, die einen

Zusammenhang meines Pigmentapoplexes mit dem zerebralen Ort der neuen Art von Schmerz vermutet: dumpf = dunkel. Ich bin nicht sicher, ob sie Recht hat oder die Rassistin in ihr die Diagnose spricht.

Die Schmerzen ziehen meine Aufmerksamkeit auf sich. Ich schlüpfe bei ihnen unter, die Gedanken sprinten zu ihnen und es sieht aus, als leide darunter die Konzentration. Mein Gutachten über die Besteuerung der Vereine für Radio Ecclesiae habe ich aus diesem Grund nicht zu Ende sprechen können. Mal fühle ich mich okay und mal nicht, wenn ich mich in das Kopfweh zurückziehe. Kann ich mich verständlich machen? Es gibt einen Trigger, das habe ich inzwischen raus, und dieser Trigger führt zu einem, ja … Wohlgefühl. Er betäubt das dumpfe Pochen, weswegen ich ihn zu suchen angefangen habe und nicht mehr aufhören kann. Suche = Sucht, diese Art von »suchen«. Der Trigger ist der Augenblick (die Erinnerung daran), als die Rakete mich traf.

Ich stehe neben mir im Moment des Einschlags und wie neben mir in der Erinnerung, und das Pochen wird weniger. Ich beobachte mich, wie ich dastehe, mit grünem Gaumen und leerer Harnblase am Flussufer, und begreife auf eine zusammengehörige Weise, warum der Mann im Schädel, den gleich das Projektil des Volkers der Nation treffen wird (»c'était bon«, wird der Chef-Chef sagen und damit Kayser und die zwei Unternehmerdick- und -doofs beruhigen), nicht mehr derselbe ist wie ich, der es beobachtet.

Nächstes. Wenn *ich* mich schon spalte, dann verbietet sich dies die Zeit, in die ich finde.

Keine Portionierung in Sekunden und Minuten, keinen Lauf ihrer selbst lässt sie aus sich machen, sondern verweigert sich der Verrohstoffung zu Chronik und Geschichte. Alles ist gleichzeitig, das setzt sie für mich in meinem schweren Kopf durch, in

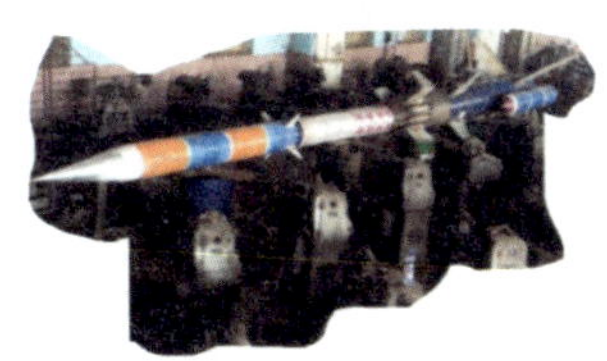

Abb. 24

G'bohessa-Sul: rezentes Perfekt, gegenwärtiges Präsens, das Demnächst als Futur. Ich werde gewusst haben, flüstert mir die Zeit zu, und ich glaube ihr. Annähernder als so kann es nicht auf den Punkt gebracht werden: *Es ist immer*, und auch du wirst es eines Tages überreißen:

Abb. 25

Die Rakete, die deinen Kopf und Körper spaltet, hat keinen, der ihre Geschichte schreiben könnte. Sie war lange vor dir (frag nach bei Kurt Debus, der für die OTRAG Investoren köderte) und wird es nach deinem Volumenverlust weiter sein. Ihre Twentytwenties-Ausfertigung, die Troposphère 6 aus aneinandergeschweißten Ölfässern, soll ein Meerschweinchen ins Weltall schießen. Oder so in: T. Biermann, »Rakete fliegt von G'bh-S ins All«, bild.de/ausland/news-ausland/meerschweinchen-an-bord, 21. Juli 2021

Die schmerzlindernde Erinnerung an etwas, das in Lisettchens Welt kategorisch nicht erinnerbar wäre, weil es *immer ist* und also niemals vergessen werden kann, mehlt und kaffeepulvert meine Körperhälften ein. Die Bilder und Reminiszenzen jagen mich in den Stillstand wie der in Urinale gepinkelte Hochwertkoks in Kinfurt. Im *État mental de fusée* betäubt sich meine Spaltungsangst, wie ich gewusst haben werde (und wie es mal wieder Dr. Hesselbach-Adoo nennt: »Spaltungsangst«, erdacht in ihrer ordinär chronologischen Welt nach dem Deal mit Sheridan & Sons, Dublin, mit dem meine offenen Rechnungen beglichen werden, und kurz vor meiner Trennung in einen Hans- und einen, ähm, Zebrawim). Nur lassen diese États und Zustände aus Matildas Weltenwürfen mit der Zeit (ha-ha!) nach. Ich falle zurück in die Uhr und das von ihr aufgehackte Vorher-Nachher. Es folgt der übliche Entzug, mein persönliches Volumen spüre ich intensiver als sonst schwinden und auch, wie ich den nächsten

Einstich brauche und den neuen Augenblick des Einschlags mitsamt mir, der mich sieht. Mal finde ich ihn, selten geht das schnell, und mal nicht: dann wird mir mein eigenes Gerede vom Nichtaufgeben verdächtig. Die Wohlfühlzustände sind rar in meinem Kopfschmerzland.

So weit unser Wim, wie er gefangen ist zwischen Spaltungsangst und -lust, jaja. Schaut er nicht auch zufrieden auf seinen Abspalt, wenn er sich in den Moment zurückversetzt und dabei neben sich steht und beide in ihrem Zustand das Beste aus dem Raketen-Immer machen?

So oder so wird Wim im Futur II weiterleben als kleine Spreizung seiner selbst, die in einer seltsamen Nacht zu Beginn dieser Erzählung ihre Vorboten gehabt hat, denn wer kommt schon ohne Läsion durch die Heimsuchungen, die an den Unterseiten von G'bohessa-Sul versteckt liegen? *Apocalypse Now* (film) und *In the Footsteps of Mr Kurtz* (book: Die Autorin Wrong [a.a.O.] räumt darin mit Volker Mobutu auf, ihr Buch ist eine dokumentarische Perle).

Wim wird sich gespreizt und dann geteilt haben: eine ganz normale persönliche Sezession und als solche vielleicht Künstlerpech.

Abb. 26

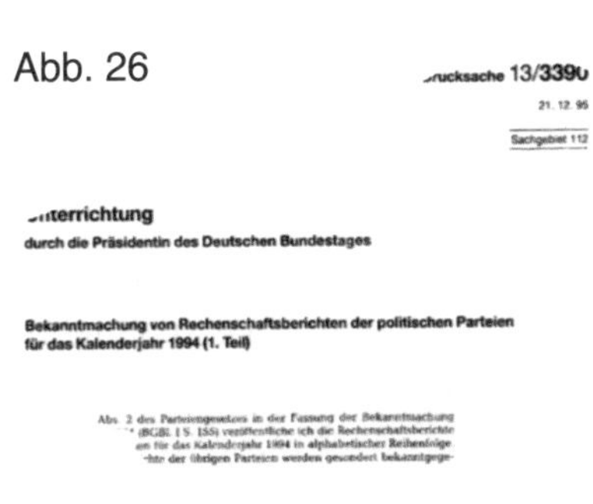

…rucksache 13/3390

21. 12. 95

Sachgebiet 112

…nterrichtung

durch die Präsidentin des Deutschen Bundestages

Bekanntmachung von Rechenschaftsberichten der politischen Parteien für das Kalenderjahr 1994 (1. Teil)

Für den Innovationspark auf dem Kapani Tono-Plateau waren 1980 bis 1983 keine guten Jahre. Ganz im Gegenteil. Die Zeit der knisternden Empfänge für die Freigiebig Verschuldeten war vorbei, ihr Gastgeber Toto hatte zwar schon den Erreger im Balg, aber nichts annähernd Marktreifes mehr im Portfolio, und die Nächte an der Hotelbar im Okapi gingen über in triste Katerstunden am Morgen danach.

Vieles war dumm gelaufen und nicht nur Iwan der Skeptische moserte, den ein Delfinarium von vielen nicht vom Hocker riss. Unzufrieden war auch Monsieur Loup-Boulanger, der es gewohnt war, mit 58,3 Prozent in Verpflichtung zu treten zum Wohl aller einschließlich seiner selbst. Wenn aber bei den Investitionen nur heiße Luft rauskommt und nichts hängen bleibt im eigenen Portemonnaie: Backt so einer noch weiter seine Negroni und lässt sie absetzen?

Eher fragt so ein Loup-Boulanger doch seinen Steuerberater, ob fiFi Hock und seinen Sozen noch zu trauen ist. Aus der Antwort zieht er seine Schlüsse und spendet unter seinem deutschen Alias der christdemokratischen Konkurrenz 24.000 G'bh-S-Mark.

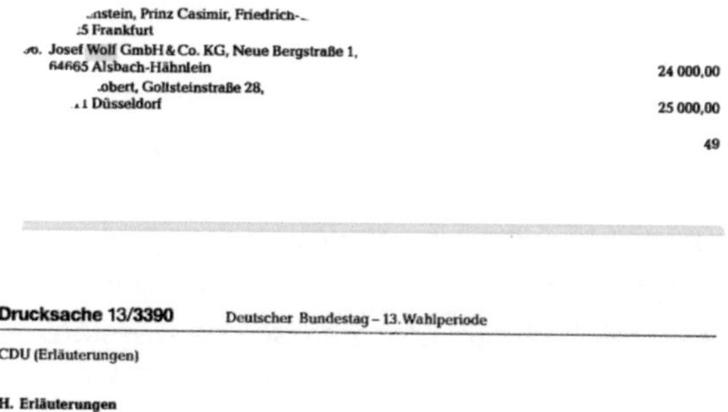

...nstein, Prinz Casimir, Friedrich-...
...5 Frankfurt

...o. Josef Wolf GmbH & Co. KG, Neue Bergstraße 1, 64665 Alsbach-Hähnlein	24 000,00
...obert, Gollsteinstraße 28, ...1 Düsseldorf	25 000,00
	49

Drucksache 13/3390 Deutscher Bundestag – 13. Wahlperiode

CDU (Erläuterungen)

H. Erläuterungen

...henschaftslegung allgemein

Abb. 27

Ja, der Josef Wolf, aber was war nach 1980 schiefgelaufen auf dem Gespaltenen Hintern?

Nun, G'bohessa-Sul war nicht alleine auf dem blauen Ball. Da waren noch andere Löffel, die in seinen Ozeanen herumrührten, und es gab eine Systemkonkurrenz zur Sulité. Schwarz hier, weiß da und Schmerz auf beiden Seiten, was auch dialektisch nicht zu lösen war (und Dialektik war nie ein Nullsummenspiel, immer siegte entweder die ideologische Ma oder die Li). G'bh-S und sein Konkurrent waren gefangen im gemeinsamen Leiden an der Welt wie – Achtung, soziologisches Zeug! – auf der einen Seite der Unterscheidung der Kommanditist und der Komplementär.

Der Systemkonkurrent trug verschiedene Namen und Masken, so die g'bohessasulische Version (die, fand der Konkurrent logischerweise, erstunken und erlogen war). Er hatte viele Ämter inne, machte sich zur Not gemein mit dem Wetter und mischte sich aus allen möglichen Ecken der Welt ein. Es gab ihn als Wintersturm, als Außenminister mit pastellgelbem Pullunder oder Kanzler, der nur parteibuchmäßig fiFi Hocks Genosse war und besser bei den Kommunistischen untergekommen wäre wie sein Spiritus Rector, der Generalsekretär des Moskauer ZK. Am abgefeimtesten war der Konkurrent als Internationaler Währungsfondsler und Weltbanker mit ausgerechnet g'bohessasulischen Wurzeln, der eine zweite Attacke ritt und dem es gelang, das Vorzeigeprojekt auf dem Kapani Tono zur Strecke zu bringen.

Zersetzungsversuche der feindlichen Art gab es, seit Wim mit seiner Auftragssuche begonnen hatte, und wer mag, kann aus dieser Gleichzeitigkeit ein weiteres Konspirationskapitel zusammenlöten à la: *Von wem waren eigentlich die, die ihn zum Schnüffeln trieben, getrieben?* Zum ersten Mal knifflig wurde es am 23. August 1977, drei Monate nach dem ersten OTRAG-Schuss in den Himmel: Der Systemkonkurrent war auf Zinne.

> Die Sowjetunion hatte an diesem Tag unter Berufung auf die Viermächterechte und -verantwortlichkeiten Aufklärung verlangt. Ein gleiches Ersuchen hatte sie auch nach Washington, London und Paris gerichtet. Nach der sowjetischen Demarche baten afrikanische Regierungen wie Nigeria, Angola oder Mosambik um Erläuterungen, und im September begannen pünktlich zum Beginn der 32. Sitzungsperiode der Generalversammlung sowjetische UN-Aktivitäten. Im November legte die sowjetische »Istwestija« nach. Nun galt es [keine Konspiration, die was auf sich hält, ohne den Vorwurf einer Gegenkonspiration!], unter Berufung auf eine ungenannte

Quelle eine Verschwörung der NATO mit Pretoria, die sich den Sturz der angolanischen Regierung zum Ziel gesetzt hatte, aufzudecken. Gounaris, a.a.O., S. 474

Was genau den Gespaltenen Hintern plötzlich zum Weltpolitikum machte, konnte niemand den Freigiebig Verschuldeten erklären, die natürlich nachfragten: Was ist so schlimm an einer Freizeitparkabschussrampe und einer Transportrakete in der Erprobung? Was hat der Innovationspark zu schaffen mit der NATO und Südafrika? Geht es um unsere Umwegszuweisungen und das Auskommen unserer Brüder und Schwestern von Artikel 15, oder um irgendein Angola?

»Um uns natürlich und nur um uns«, bekamen sie zur Antwort, »nichts hält die Sulité auf.«

»Aber wir leben in einer kugelrunden Welt.« Es macht uns Anleger nicht schlaflos, dass Länder und Wohlstände immer mehr mit allen anderen Ländern und Wohlständen verbunden sind, das nicht, allerdings ... »Sie verstehen?«

»Nichts hält die Sulité auf!«

Im Stil von Gebrauchtwagenhändlern verklickerten die zwei von der Safariland KG und Hans und Toto von der Raketengesellschaft den Schulbuchverlegern und Schlagersängern, wie sie das Weltpolitikum abzuräumen gedachten. Wir aktivieren den Vater der Nation, verkündeten sie, der dem Kanzler und seinen Genossen in Moskau ankündigen wird, die OTRAG aus dem Land zu werfen.
Das natürlich nur zum Schein, denn der hochaufragende Raketenhintern bleibt, wo er ist, und wechselt nur den Pächter. Der Chef-Chef nimmt Libyen dafür ein [sic!], unsere g'bohessasulische Ausnahmegeografie macht's möglich. Außerdem massieren wir Außenminister Genscher: Das wird schon klappen, wir gehen also doppelzüngig zweigleisig vor, so wie der Rivale es mit uns macht, und zwar

Abb. 28

mit »einem als persönlich und vertraulich gekennzeichneten Schreiben«, in dem wir ebenfalls so tun, als gäben wir nach, indem wir vorschlagen, die OTRAG »einer internationalen Kontrolle zu unterziehen«.

Unsere scheinbare Kapitulation wird Volker Mobutu gefallen.

Auf unserer eigenen Bühne spielen wir zur gleichen Zeit ein anderes Stück. Im souveränen G'bohessa-Sul drängen wir die Kommunistischen mit ihren eigenen Mitteln zurück, nämlich einer Guerilla aus Anträgen. Der Kreis um Hock kann das.

Gesagt, getan. Kurz darauf schreibt Gounaris »produzierte die in Kinfurt beheimatete Kanzlei Paul, Paul & Schmitt parallel wegen diesem und jenem eine wahre Papierflut bei den verschiedenen Genehmigungsorganen«. a.a.O., S. 488 Die Aufsichtsbehörden in Brazzaville-Kastel wurden mit Arbeit versorgt, dass es Ihnen die Rohre verstopfte.

Bis Anfang 1980 klappte die Nummer. Das Raketen-Kapani-Tono verschwand aus den Schlagzeilen und von der Agenda der Vereinten Nationen. Die Besucher zog es wieder wegen der heiteren Tierchen nach Wallerstädten. Sie wollten zum seltsamen Wim im Kranken Haus oder auf den Spielplatz Mondbasis statt zu den meterlang zusammengebundenen Rohren, die eines Tages ernst und gravitätisch zur Käsescheibe am Nachthimmel aufsteigen sollten. Der Viermächtedruck auf den Kanzler ließ nach, und der Kanzler und sein Genscher ließen ab.

Abb. 29

Abb. 30

Dann zündete der Systemkonkurrent die nächste Stufe. Aus den Kulissen trat Hervé Bonde la Maua, Finanzexperte und von 1962 bis 1976 bei der G'bh-S-Bank im »Département des Affaires Etrangères«, Kinfurt, wo er befasst gewesen war mit den »problèmes financiers du Tiers Monde«. so kolportiert in: »Le Rapport Blumenthal (1982)«. Lisettchen musste lange suchen und die Fax-Drähte ihres *Khartoumer Echo* glühen lassen, ehe sie wenigstens eine französische Übersetzung fand in: *Info Hessaïre. Revue trimestrielle du Comité Hessaïre en Belgique*, numéro 36, o. S. Abgedruckt hat den Bericht ein gewisser E. Dungia (Mobutu et l'Argent du Hessaïre. Paris: L'Harmattan 1992, S. 136–155), referiert wird die Platzpatrone von Wrong (a.a.O., S. 189–194) und D. Van Reybrouck, *Kongo. Eine Geschichte*. Berlin: Suhrkamp 2013, S. 444 f.

Ob es diesen Hervé, der kartoffelg'bohessasulisch Erwin Blumenthal hieß, tatsächlich gegeben hat? Lisettchen konnte wenig über ihn auftreiben. CV, Passfoto, was er heute treibt, ob er überhaupt noch lebt: Fehlanzeige. Recherchieren auch Sie mal und geben Bescheid, wenn Sie ein Bild oder Dokumente vom Ex-Staatsbanker Bonde la Maua finden. Ich bin eher der Überzeugung, *dass niemand anderes als Wim* (ich) *in seinem* (meinem) *labilen Zustand von der Gegenseite ausgespäht und als leicht beeinflussbar angesehen* worden war. Wie Fameux-Lapping und Frau Ada von den Gécaministern *redeten die Kommunistischen Wim* (mir) *das Verfassen seines Rapports ein.*

Hervés Vorgehen war cleverer als das von Genscher und dem Kanzler. Ihm gelang eine Günterwallraffiade als Mann, der, angeblich vom Internationalen Währungsfonds geschickt, in der g'bohessasulischen Rohstoffraffinerie der Generalbevollmächtigte Geld Hans Esser war. In dieser Eigenschaft spürte er den chemischen Reaktionen von Kautschuk, Kupfer, Cobalt und Uran in Devisen und Valuta nach, die bei Lichteinfall leicht entzündlich waren und blickdichte Börsen erforderten. Hervé suchte und aufgepasst – er fand! … *was war das für Wim* (mich) *eine Erleichterung, eine Straight Story vom Suchen und Finden, therapeutisches Schreiben ohne Unterseiten und Kopfschmerzen.*

Der Rapport enthielt Räuberpistolen von den Rohstoffexporten der Gécaminister aus den Minen im Süden nach Belgien, deren Erlöse an den Vater der Nation gingen: »lettre du Gouverneur Bofossa de la Banque Centrale à la direction de la Gécamines dans laquelle l'Églisentreprise était informée que les bénéfices de l'exportation provenant de la SGM (belge) [bla-bla-bla] seraient directement versés à la Présidence«. »Rapport«, a.a.O., S. 148 Er handelte von Sonderkonten der Rohstoffraffinerie im Ausland, »›Comptes Spéciaux‹ que j'ai fait annuler et réintégrer dans la comptabilité régulière de la Banque«: Paribas Paris, Midland Bank London, Bankers Trust Co New York und einmal Inland: »4) Kusini Bank Kinfort No 100959/6024 ..... DM 47.488«. »Rapport«, a.a.O., S. 152 Es ging um Schulden und Rückzahlung an den Währungsfonds und eine Knickerigkeit, die aufgesetzt wirkte: Hervé Bonde la Maua führte Kleinkrieg, behauptete er und kratzte die kleinen Sümmchen aus dem Ausland zurück in die Rohstoffraffinerie, que j'ai fait réintégrer dans la comptabilité de la Banque. Ein andermal kappte er 30.000 Dollar Sonderausgaben für die Teilnahme von General E. und seiner Eliteeinheit an der Krönung von Kaiser Bokassa in Bangui runter auf 20.000.

All das waren Fälle von kalkulierter vergeblicher Liebesmüh. Vergeblich von Anfang an, und doch mit Hinterlader. Hervé gab vor, nicht zu verstehen, dass Umleitungen von Geldern und Spezialkonten im Ausland haushaltspackungsgroße Exempel von Sulité waren, mehr nicht, die wie Umwegszuweisungen funktionierten und allen G'bohessa-Sulern Nutzen brachten. »Mobutu et son gouvernement se moquent de la question du remboursement des prêts et de la dette publique« »Rapport«, a.a.O., S. 140 – na klar machte sich der Vater der Nation lustig über Hervés Schrulle einer Rückerstattung der öffentlichen Schulden. *Âllo??* Wenn das In-der-Schuld-Stehen aller in G'bh-S Staatsräson ist und den Laden überhaupt erst am Laufen hält, auch über die internationale Bande; wenn belgische Konzerne und Chinesen und Franzosen und Italiener der großen Heiligen Kirche und den kleinen Débrouillisten gleichermaßen ihre Rohstoffe abkaufen … wo funktioniert Rückzahlung da nicht?

Kalkuliert waren Hervés Scharmützel als Generalbevollmächtigter Geld, weil er nachweisen musste, es wenigstens versucht zu haben. Als »Rapport« vom 20. April 1982 ist sein Feldzug raffiniert inszeniert, das muss ihm (*mir*) der Neid lassen. Zuerst gibt er vor, sich am g'bohessasulischen System die Zähne ausgebissen zu haben. Dem Chef-Chef und seinen Nutznießrotznasen attestiert er eine Form von Durchtriebenheit, die seinesgleichen suchte, »la CORRUPTION de l'équipe au pouvoir«. »Rapport«, a.a.O., S. 142 Dann argumentiert er wie einer, der das freie Spiel der Kräfte, das alle jeden Tag ein wenig kräftiger werden lässt, als kapitalistisches Gebaren brandmarkt. Die Nutznießer seien mit der gestohlenen Kohle durchgebrannt und wer hat Alarm geschrien? »Qui lance des appels: ›Au voleur!!‹?« »Rapport«, a.a.O., S. 145

Keiner.

Folglich muss was gelten? Na?

Wo kein Ausgebeuteter mit Stimme, da stimmt es nicht. Ausbeutung, keine Stimme: Völker, hört die Signalwörter. Die kommunistische Hälfte der Welt mit allem, was an Theorie und Teleologie auf dem Markt war über die noch Unterdrückten und die nicht mehr lange Unterdrückenden, sorgte für den Hallraum. Kurz darauf stellten auch die Sympathisanten in der kapitalistischen Hälfte die Lauscher auf, hörten mit und stimmten ein.

Und genau damit zählte Hervé Bonde la Maua Volker Mobutu dann doch an. Von wegen Wohlstand für alle. Es gab die üblichen Chargen auf der g'bohessasulischen Bühne, Millionen arme Schlucker, zehntausend Diebe und über allen den einen Staatsschauspieler, Citoyen Numéro 1, *quel acteur*. ja ja ja, S. 144

Ein bisschen Maniokbrei bleibt immer kleben, wenn jemand eine Handvoll wirft und die Welt plötzlich anfängt hinzusehen.

Im Sommer 1983 sitzen der Aufsichtsratsvorsitzende Toto und Wim im Staub des Innovationsparks auf dem Gespaltenen Hintern. Beide haben schlechte Laune. Wim, weil er das so nicht gewollt hat, diesen Verlust an Ansehen in der Welt, an ihren Börsen und auf den Märkten. Außerdem muss er vor dem Schimpansen die Klappe halten, darf seinem Herzen keine Luft machen und verraten, dass die Kommunistischen ihn gedungen haben könnten während einer seiner Absenzen als der eine oder andere Abspalt im Zeitlosen.

Abb. 31

Auch Toto frusttrinkt und -raucht zu viele Pullen und Lullen, weil Hervés Rapport und das weltweite Echo die Anleger der OTRAG verunsichert hat, die können ja auch lesen.

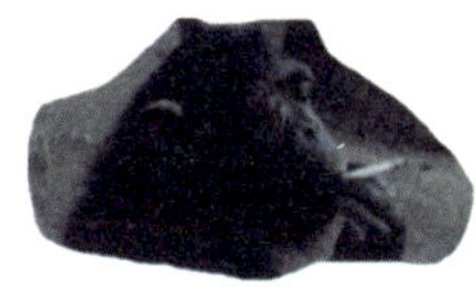

Abb. 32

Zum Misstrauen der Zahnärzte, Showmaster und Schlagersänger kam das schlechte Wetter. Ein Wintersturm hatte dem Delfinarium die Traglufthalle aus Gbodalit weggerissen und das hellblaue Wasserbecken stand blank. Die Flippers froren sich einen ab, denn auch das in der Beckenwanne verbaute Gbodalit hielt nicht, was es versprach an Wärmespeicherung.

Abb. 33

Abb. 34

»Überall Gegenwind.« Toto deutet an, dass die Kommanditgesellschaft vor der Pleite steht. »Safariland ist abgebrannt.« Auch die libysche Ausgabe von Kapani Tono kommt nicht auf Touren und das Raketenbusiness im Innovationspark schwächelt.

Herr Kayser sieht weitere Löcher (*»On voit le trou?« – »Plusieurs«*) und spielt jetzt mit dem Gedanken, die leere Landschaft im Luvuatal an Touristen zu verhökern: Hotellerie, wie es Borcherdt, der Architekt, vorgeschlagen hatte. Weymars linke Hand Hans hält nichts davon (»als Ressource zu knapp, Landschaft kriegen wir nicht an den Markt«) und Frau Ada von den Gécaministern sieht das genauso. Also auch das noch: Gekabbel unter denen, die um die Investoren buhlen.

»Oh-oh. Sieht nicht gut aus.« Wim knetet seine helle Hand mit der dunklen. Das mit der Landschaft, die nicht als Ressource taugte, ist ihm so klar wie der Flop mit dem Gbodalit, wenn der Wind bläst. Aus *kusini-kusini* ist noch nie ein Kunststoff und auch kein Element gekommen, das auf lange Sicht zu was taugte: weder Uran mit der Ordnungszahl 92 noch Shabarmstadtium, das im Internationalen Chemischen Notruftelefonbuch zu stehen kam als geeigneter Kandidat für Synthesen aller Art mit seiner sexy genieteten Nickel-Blei-Weste.

»Ü-ber-haupt nicht gut«, inhaliert Toto. »So schmieren wir ab.« Toto nimmt noch einen Zug. »Wir müssen in uns gehen.«

Kunstpause.

»Jau, also. Jeder für sich, oder zusammen?«, beendet Wim die Pause. »In uns gehen, meine ich.« Er nimmt Toto einfach nur wörtlich, nicht im übertragenen Sinn.

Toto hört hin und stimmt aus einer Laune des Augenblicks zu.

»Wenn du die Antennen besitzt«, sagt er, »dann nimm auf, was sich in mir tut.« Sei mein Wunderblock und gebe den Menschen Notiz. »Jeder für sich, aber bezeugen sollten wir es zusammen.«

Wim begreift nicht sofort (wie auch?), trotzdem legt er sein gespaltenes Sensorium an Toto, und dessen Zellen liefern. Ein neuer Rohstoff entsteht daraus und auch ein neuer Hans, gestatten: Jean-Ougour d'Erbolach.

Alles sehr merkwürdig und wundersam, *hakuna shaka*, aber Ma hat offenbar eine Glückssträhne. Traumhaft sicher schleuder-schnappt sie die Schmutzkugel und rafft Schokolinsen für ein halbes Dutzend Kindergeburtstage.

Das nächste Kapitel macht damit auf. Die neue Ressource im Affen Toto ist ein tödliches Virus. Wim vernimmt, was dieser neue Rohstoff zu sagen hat, und die Welt hat darauf nicht unbedingt gewartet. Oder andersrum: G'bohessa-Sul nimmt die Welt als Geisel.

(5)

»Jeder für sich, aber bezeugen sollten wir es zusammen.« Die erste Veräußerung des Virus fand im Kranken Haus von Daki Tari statt. Niemand sonst war zugegen, wie so oft bei erstmaligem Geschehen auf Molokularebene. Patient null war entweder ein sprechender Affe oder, wenn Primaten in der Erfassung nicht zählen, nach zoonotischer Übertragung unser Wim.

Unter dem demolierten Strohdach, unter Plastikplanen vor einem Abendgewitter bezeugten Wim und Toto im Jahr 1983 ein Gebrabbel und Gemurmel von Matrix-, Oberflächen- und Spikeproteinen auf Totos offener Plasmamembran. »[ich dock dich an!] – [ja du liebes Virusprotein, wer spricht?] – [›ja du liebes Interface‹, antworte ich. Das auszusprechen ist nicht einfach, denn ich bin vielleicht Virus und vielleicht Zelle und vielleicht beides und damit ... *selbst* das Interface] – [---?] – [eh, jetzt komm. Du weißt es doch auch. Rezeptorbindungsdomäne und Membran sind Freihandelszone!]«

Übersetzt ging das so, und es war schwer verständlich. Toto und Wim beschlossen eine Wiederholung, um für das Gebrabbel jemanden zu haben, der für sie als Zeugen zeugte. Sicher war sicher.

Auf der Quarantänestation eines Tropenkrankenhauses in Kinfurt waren vor den wandgroßen Plexiglasscheiben anwesend: Ada, die Gécaministerin, die als Gutachter dieses Mal einen Dr. med. Faux-Cyculé im Schlepptau hatte. Ein Gesandter des Vaters der Nation, der in Faux-Cyculé Mobutus alten Leibarzt wiedererkannte. Eine Zufallszeugin mit semmelblondem Afro von der *Cryptotrésor & Cie.*, die eigentlich auf dem Weg von der Zentralbank zum Kernreaktor vor der Stadt war. Dazu die übliche Handvoll Freigiebig Verschuldeter und Klinikpersonal in Schutzkleidung. Dr. Hesselbach-Adoo entzog sich der Zeugenschaft, »Patient W. steht bei mir in der Schuld« und »Es reicht mit den Gratisleistungen«.

Wim schloss die Sinne und suchte die Stufen hinab in die Empfänglichkeit für Außergewöhnliches. Zuerst der Kopfschmerz, dann zur Linderung die Raketenspitze im Moment der Berührung mit seinem Schädel, gesehen vom Außenselbst, dann gar keine Momente mehr, sondern einer in vielen und keinem einzigen Schnitz aus Zeit zugleich.

Toto stellte sich vor ihn und knöpfte den Abacost auf. Vom Kragen abwärts quoll mal dichtes, mal lichtes Brusthaar, weil er weder Weste trug noch darunter ein gestärktes Hemd.

Was machen die zwei Männchen da?, dachte Ada und war nicht alleine mit dem Eindruck, in eine Peepshow geraten zu sein.

Hinter der Scheibe senkte Wim den Kopf und legte ihn an Totos behaarten Brustkasten. Die Haare schienen sich auf seinem Gesicht fortzusetzen – schienen sein Gesicht zu spiegeln, das nun nicht mehr links der Nasenwurzel-Kinngrübchen-Linie weiß und rechts davon schwarz war, sondern aus vielen hellen und dunklen Streifen bestand, als hätten die Farbhemisphären sich x-mal geteilt. Unterschiedlich strichstark waren die Streifen, je nachdem, wie viel blasse Haut durch Totos Körperbehaarung schimmerte. Wims Gesicht sah aus wie ein Stück Kalter Hund im Anschnitt, wie ein Strichcode.

In seinem État sprach das neue Virus, ein Mikrofon und Monolautsprecher übermittelten es den Zuhörern. Dr. Faux-Cyculé wollte sich nicht festlegen, ob es Jahrmarkt-Bauchrednerei war oder Wims gestreifte Anschauung von Totos Rippenkasten den Vorgang des Kaperns seiner Zellen zum Plappern brachte. Neugierig, um nicht zu sagen elektrisiert war auch die Semmelblonde von der Schließ- und Sicherheitsfirma, die wie der Virologe nicht unterscheiden konnte, ob Wims Gesicht die Worte *scannte* oder sein Streifengesicht *gescannt wurde*. Jedenfalls kam das Virus zur Sprache als *Echo* oder *Echolot*, solange er gestimmt war.

»[ich kleb mich an dich, Zellwand!] – [hallo, Nukleokapsid!] – [ich kleb mich dran an dich und dann werdet ihr umgepolt!] – [›Kapsid‹ wie Kapsel, Umhüllung, Verpackung, falls wir jemanden im Raum haben, der uns auf Humanverbalwellenlänge empfängt] – [---] – [Nucki, was ist? Umgepolt, ja-ha. Dann zeig mal, was du anzubieten hast an schicker RNA] – [kriegt das hier einer mit?] – [komm schon. Wenn's der ganz normalen Evolution dient, gib's mir] – [---] – [Nucki?] – [ich tu das jetzt!] – [das Wirtshaus ist ein Kontakthof, also auf mit der Schatulle!] – [*da!* Der Faden, den keine Maus abgebissen kriegt] – [Phrasen kannst du auch, entzückend] – [keinen Faden und kein Nest] – [Junge, das nenne ich stürmisch, *mon fil...ou*] – [hö!] – [hö hö!!]«

Ada, vor der Trennscheibe, stupste den Doktor in die Seite. Der übertrug Wims glasklar artikuliertes Zeugnis aus der Tiefe des Affen in nachvollziehbares Nichtfachchinesisch. »Hier scherzt eine lebensmüde Totozyte mit einem Virus«, sprach Faux-Cyculé. »›Nucki‹ nennt sie den Erreger pars pro toto. Er ist ziemlich scheu, das hat er gar nicht nötig bei seinem Potenzial, und sie spielt ein bisschen die Nutte.«

»Und was ist eine Totozyte?«

»Eine Zelle in dem Schimpansen«, erklärte er. Totozyte: Eigenname plus »zyte«.

»Faden? Nest?«

»Dürfte die Form des Virus sein.« Länglich oder knubbelig, Filoviren oder Nidovirales. Manche von den Nestern tragen Krönchen.

»Mon filou«, scherzte einer der Freigiebig Verschuldeten, »meint also nicht den Hock.«

»Der würde sich bedanken«, blinzelte ihm der nächste zu. Man verstand sich.

»Und jetzt noch mal zum Mitschreiben für den Vater der Nation«, bat der Gesandte Mobutus. »Dr. Karibu?«

»Was wir bezeugen durften, war die Szene einer Infektion«, betete Faux-Cyculé es noch mal herunter. »Aus dem Schimpansen und Herrn Thoelke als Primärzeugen sprachen Wirtszelle und Virus. Was für ein Virus? Wir werden es sehen, man muss es isolieren, analysieren, sequenzieren. Frau Ada, wäre es im Interesse der Heiligen Kirche, wenn ich …?«

»Im Sinn des Chef-Chefs wäre es ganz bestimmt, wenn Sie das machen.«

Der Gesandte drehte ab, den Pflegern hinterher, die in ihren Schutzanzügen den Quarantäneraum betraten, um Wim beim Austritt aus dem État zu überwachen und einen Blick auf den Affen zu werfen. Kleiner Fehler vom Gesandten. Zack!, war er Patient eins oder, je-nachdem-siehe-oben, Patient zwei.

Dr. Faux-Cyculé und die Freigiebig Verschuldeten ließen es geschehen. Sie werden sich was gedacht haben. Ada telefonierte mit Shabarmstadt und Héloïse Blonde, nomen est omen, von der Cryptotrésor & Cie. hatte nur noch Augen für Wim.

So sehr die Schließ- und Sicherheitsblonde auch darauf brannte, bis zur zweiten Begegnung mit Wim sollte es ein Weilchen dauern. Durch absichtliche Re-Infektionen brachte es seine neue pathologische Errungenschaft auf prächtige 55 Monate Dauer, gerechnet ab dem ersten Virusnachweis an Wims Schleimhäuten und Ausscheidungen durch Dr. Faux-Cyculé. Héloïse traf auch nur einen bestimmten Wim, genauer … tja, wie soll man sagen, *die eine Hälfte von ihm?* Den Gestreiften oder den anderen, der vorerst genesen und die Streifen wieder losgeworden war?

Wims Wille war zu schlapp, um sich selber festzulegen, also klärten ein Fangstein und eine flinke Mädchenhand das. Wurf, *eins-zwei-eins-zwei-eins-schnapp!* und zwei weiße Linsen weniger im Spiel. Matilda blieb am Zug, also … Der Zebrawim! Er und Héloïse laufen sich das zweite Mal im Jahr des Raubkatzen-Remington-Pokalsiegs über den Weg, 1988.

»Schön, Sie wiederzusehen.« Héloïse merkt, mit diesem Mann muss man es langsam angehen. Ihren Basketball von einem Afro lässt sie wippen und nippt an einem Apfelprimus. Wim stiert sie an wie ein Gefängnisfenster. Er sagt nichts, oder kann nicht anders.

»Kaum verändert haben Sie sich.« Was klingt wie eine Lüge, Héloïse meint es so. Nichts an Wims Äußerem, weder die leicht asymmetrisch herunterbaumelnden Arme noch der traurig tiefgezogene Hosenboden, interessiert sie so sehr wie sein Streifengesicht. »Wie haben Sie das gemacht?«

Wim hört, was sie sagt, und holt aus. In sich gekehrt und nicht in gewöhnlicher Sprache tut er das, sondern mit einer weiteren Fertigkeit, die nur er draufhat und für die extra ein Dreifachadjektiv aus »lingual« ohne »l«, »innen« auf Kiswahili und »stimmlich« in die Welt gesetzt wird: ingualndani-glottisch.

»[die Streifen habe ich … haben sich mir von Totos Brustkorb aufs Gesicht gepaust, schwarze Haare auf weißer Haut, da waren Sie doch bei! Ohne eine gewisse Disposition wäre es nicht gegangen, mich hatte vorher die Spitze einer Rakete vorsortiert, können Sie alles nachlesen. Dass seit dem Re-Enactment einer ersten Infektion auf einmal die Streifen da waren, vom Scheitel bis zur Sohle, tja … is' so. Ich kann mir die fein gestrichelte Schwarzweißpelle nur erklären als äußeres Merkmal einer für aller Augen vollzogenen Spaltung, keiner mehr im État mit ich-selbst-wie-ich-mich-von-außensehe. Ein Merkmal, das ich bei allem persönlichen Volumenverlust habe behaupten können. Damit man (ich) mich noch unterscheiden kann von dem anderen, der weiterhin grob sortiert als Pigmentapoplex durch Welten gegeistert sein wird als Idee und Werbemännchen verschachert nach Dublin, an Sheridan & Sons, und virenpraller Mutationspool a.k.a. Jean-Ougour d'Erbolach].«

Komischerweise kommt alles, was Wim hier loswird, unter Héloïses mächtiger Frisur *auch an*. Restlos liest ihr System es ein, und das ist eine andere Nummer als im Tropenkrankenhaus an der Schnittstelle von Zelle und Virus. Da plapperte das Interface ganz normal G'bohessasulisch, hier läuft es weder amts- noch fremdsprachlich. Sondern unverbal.

»Fantastique!«, jubelt sie. Und »Monsieur«, haut sie einen Kerl neben sich an, der im Raubkatzen-Remington-Putz den Pokalsieg mit einem Herrengedeck bekämpft, »einen kleinen Gefallen bitte!«.

Ob der Mann schon zu blau ist oder warum auch immer, bei ihm klappt es nicht. Wims ingual-ndani-glottische Gratulation zum Titel, für die er sich noch mal versenkt, schafft es nicht in sein Sensorium. Nicht als Bahnhof, nicht als Stimme im Kopf, gar nicht.

»Gratuliert? Das Streifenhörnchen mir?« Zwischen Fanschal und -mütze macht es große Augen. Héloïse schiebt dem Burschen seinen Belohnungskorn hin.

»Ob der Herr Thoelke Ihnen gratuliert hat«, sagt sie, »ja.«

»Mit keinem Wort«. Schwubs!, ist der Kurze drin und wird der Fan analytisch. »Und schwätze, wenn mer kahns hat, des is' entweder e Kunst. Oder es is' Fudelei!«

»Trotzdem danke.«

Wims Mitteilung bleibt dem Fußballheini verschlossen, übersetzt es sich Héloïse. Falsche Frequenz, falscher Code, was auch immer. Das Ingual-Dingens dringt nicht durch, also muss es leider draußen bleiben. Anders bei mir. Ich bin ihm, es gibt, da ist … geöffnet.

Sie zwinkert Wim zu, konspirativ sollen seine schraffierten Rezeptakeln das verstehen. Es gelingt so lala, Wims träges Nicken ist eines mit hochgezogenen Augenbrauen:

Was gibt's, was geht ab, wir kennen uns, ja aber … was *wollen* Sie von mir?

Was Héloïse Blonde von Wim wollte: ihn zum einzigartigen, unmöglich zu knackenden Cryptotrésor-Sicherheitsschloss machen. Besser, zum menschlichen Bestandteil einer blitzsauberen nagelneuen Schließtechnik, die basierte auf seinen *ingual-ndani-glottischen* Fähigkeiten – g'bohessasulisches Patent drauf! Und die Wims I.N.G. umsetzte in eine – noch'n Patent! – *optische* Apparatur.

Was Héloïse dafür liefern musste: neben Wim sich selbst. Bei ihr passten Wims Fähigkeiten ins Schlüsselloch, sie verstand ihn: anders als der Raubkatzen-Fan und ein Dutzend weiterer Versuchskaninchen, die allesamt nicht anschlugen bei der Probe mit dem sie anstierenden Herrn Thoelke. Also unterzog sie sich einer genauen Analyse. Was war unter ihrem strohgelben Afro warum wie verschaltet, dass Wims wortlose gestreifte Anschauung in ihrem Kognitionseiweiß Sinn auslöste und sogar in normaler Sprache wiedergegeben werden konnte? Man durchleuchtete sie. Eine Elektroenzephalografie und der Unternehmenspsychologe lieferten Rohdaten, dann übernahm die Entwicklungsabteilung. Cryptotrésor Développement reinigte das Brauchbare an der Zeichenübertragung und -gegenübertragung von unnützem Verbalzeugs. Man modellierte und probierte rum, bis ihr Anteil am *Wimisme* patentamtlich wurde als Héloïselyse im Herstellungsprozess des ingual-ndani-glottisch-optischen Hochsicherheitsschlosses.

Weltpremieren mit Tamtam, Tambourcorps und großer Bühne kennt die Branche, die bei Cryptotrésor & Cie. bestellt, natürlich nicht. Da ist sie – Betriebsgeheimnis trifft Kundenwunsch – so verschlossen wie die Technik, die sie ihren Abnehmern mehr so, na ja … zuraunt. Gerade mal das Prinzip wird erläutert, dann Vorführung und Abschluss mit »gekauft wie gesehen«.

17. Mai 1997, auf den Tag genau zwanzig Jahre nach der ersten Rakete, die das Gerüstnest im Innovationspark verließ und – anders als die Post für Wim – der Schwerkraft trotzte und aufstieg wie ein Bleistiftbündel zum Himmelspapier. Im Interconti in Kubwa-Lubumbstadt, einem Fachwerkwolkenkratzer im Stil des alten Okapi-Hotels, war *Tag der offenen Tür*. Selbstfoppend nannte die Cryptotrésor es so: Tag der offenen Tür, auf den Einladungskarten an Banker und Atomindustrie. Der CEO persönlich führte aus, wie die zu Ende entwickelten Dinge in ein Schloss fielen, das niemand je aufkriegte, der Wim nicht persönlich dazu bemühte.

Abb. 35

»Messieurs-Dames, seit fünfundzwanzig Jahren ist Ihnen der Strichcode geläufig, beim Einkauf an der Kasse von Al-Nature oder Carrefour oder im Eine-G'bh-Mark-Ramschladen. Ein Barcodelesegerät fährt sein rotes Scannerlicht drüber, und drin ist der Produktpreis im System, erscheint auf dem Kassenbon und muss berappt werden. Monsieur Thoelke ist in seinem Äußeren ein einziger solcher Strichcode. S'il vous plaît …«

Auftritt Wim. Stumm schiebt er sich aus dem Vorhang neben den CEO. Herr und Frau Weltbank heben die Brauen. Die Managerschwägerinnen Nubi und Bibi von der Semmel, Blis & Ter Kater Kernreaktoren GmbH machen strahlende Augen. Da steht der Zebramensch vor ihnen, die alte Attraktion aus Safariland-ist-abgebrannt. Schmächtig ist er geworden, aber er ist es.

»Ich sagte«, weiter der CEO, »von seinem Äußeren ist M. Thoelke ein Strichcode. Doch auf Äußerlichkeiten dürfen wir im Hochsicherheitsverschlussmetier nichts geben, die lassen sich zu leicht kopieren, fälschen, knacken. Auch wäre es für Wim und seine Art der, *attention: jeu de mots* … passenden Kommunikation unterkomplex, ihn als Codeträger misszuverstehen, den ein Scanner einliest.« Kunstpause.

»Vielmehr liest. Er. Selbst. Zugleich. *Ein.*« Wieder lässt der CEO ab, im Wissen um einen Wirkungstreffer bei Nubi und Bibi und den anderen. »Zugleich, in einem, *gleichzeitig.* Das Ganze ohne Worte, wie wir sie kennen, natürlich, die sind in einem komplizierten lytischen Verfahren isoliert und eliminiert worden. Wim liest und wird gelesen, in einem einzigen Akt und sozusagen als seine Hälfte des Apparillos, den wir Ihnen hier und heute zum Erwerb anbieten.«

Dem Publikum schwirrt die Birne, puh, das klingt doch komplizierter als …

»Zur wichtigen Frage der Authentifizierung, denn die werden Sie sich jetzt alle stellen.« Der CEO weiß, wie man den Augenblick ausnutzt: So tun, als können alle folgen und sogar antizipieren, was als Nächstes kommt. »Ich erwähnte es bereits. Mit welchem Kniff verhindern wir Missbrauch, wie schieben wir einer Manipulation der Schließvorrichtung zum Beispiel durch eine Wimfälschung [einem *Dietrich*, haha!] einen Riegel vor [haha!]? Nun, liebe Frau G'bo-Bank und Herr Nachfolger der Sulité-Geißel Hervé Bonde la Maua! Sie haben es längst erfasst, liebe Nuklearmanagerinnen! Nur unser Wim Thoelke, das Original, vermag in der Apparatur, deren Teil er ist, das durch seine Zebrastreifen *zugleich* ein- und auszulesen, was, äähm … ihm gerade durch den Kopf geht. Der Nachgeschmack eines Wortes, ein Gedanke zum Dasein in G'bohessa-Sul am 17. Mai 1997, abends vor Publikum. Vor *Ihnen*! Dieser Gedanke, das von unserer Research and Development-Abteilung lysierte Stück Satz weist seine, Herrn Thoelkes, Echtheit nach.«

Wim kriegt das alles mit, während er danebensteht. Wird schon stimmen, denkt er und nickt schwach. Die geladenen Gäste registrieren es und brauchen genau diese Geste, um die *ingual-ndani-glottische Optik – Hemiotik* derart gut zu finden, dass sie sie für ihre Unternehmen kaufen werden.

Hemiotik?

»Ein Kunstwort«, erklärt es der CEO an der Hotelbar allen, die noch können und neugierig sind, »hübsch ineinandergeschoben aus Semiotik und Hemi für Hälfte. Hemiotik steht für das unbestimmte Halbe-Halbe in der Zeichenübertragung.«

Tja, die ingual-ndani-glottische Optik – Hemiotik. Sie wurde in den Panzerstahltresorräumen der großen Bankhäuser von Kinfurt und im Kernkraftwerk am Rand der Urangruben zum Must-have der Jahrtausendwende. Alle wollten ihre Familienjuwelen damit sichern und Wim, das Zebra, musste ordentlich Kilometer abreißen.

Morgens im Meiler am großen Fluss, aus dem das Kühlwasser kommt: Wim muss sich dem Apparillo zeigen und der sich ihm, schön halbe-halbe, damit der g'bohessasulische Homer Simpson zu seinem strahlenden Arbeitsplatz eingelassen wird. An I.N.G.O.-H. vorbei kam niemand rein ohne den leibgestreiften Wim, um Hand anzulegen an den alten Artikel 15-Rohstoff und aus dem teuren Uran was zu machen. Mittags in der Weltbank dasselbe Spiel, nur war in deren Tresor eine andere Ressource eingeschlossen: Valuta. Auch für die gab es Einleger, die Heilige Kirche und andere, denen in der Zeit nach Volker Mobutu der-auf-dem-lustigen-Gockelhahn-reitet die Sulité am Herzen lag. An die Devisen wollten alle diejenigen ran, die mit China, Italien und Belgien vereinbart hatten, dass an ihre Rohstoffe nicht für umme zu kommen war.

Und nachmittags war er im Nächsten Innovationspark »Pasua Kitako« – so hieß der wirklich, P.K. für »reiß dir den Hintern noch mal auf«, und schleifte fröhlich die Peinlichkeit einer Einschreibung in vorher Versemmeltes mit – der Zugangsberechtigende an der Schranke zu Laboren, in denen Dr. Faux-Cyculé das Gbh-Virus™ herauskochte.

»Du hier?«

Vor der Sicherheitsschleuse von »Pasua Kitako« sprach ihn Jahrzehnte später wer an.

Wenn, dann hörte Wim nicht genau hin. Er war inzwischen in den Dienst des nächsten innovativen Unternehmens in

G'bohessa-Sul getreten, der *Gécapharm*, und hatte einen Job zu erledigen. Die Routine und ein Rest von Pflichtgefühl, diese fiese Eigenschaft einer jeden Vollperson, hatten ihn herunterpurzeln lassen in den Ohne-Worte-Zustand. Er stand da, emanierte und scannte sein Ding, Sesam öffne dich. Gleich machte es *croque!*, dachte er, und die I.N.G.O.-H. würde die Pforte aufspringen lassen.

»Du hier?«, kam es noch mal und klang so vertraut wie Wim sich selbst bei den wenigen Gelegenheiten, in denen er was sagte. Weswegen er dann doch aufhorchte und damit, logo, den Öffnungsvorgang abbrach.

Er sortierte sich. Der Fehlversuch war ihm und seinem Gegenüber aufgefallen, und das so klar, dass sie kein Wort darüber verloren.

»Ach was«, sagte Wim endlich. »Du auch hier.«

»Was hast du erwartet?« Der andere, das war mal er selbst gewesen. Wim überschlug, was sich zugetragen haben musste.

»[—].«

»Mach schon auf.« Jean-Ougour d'Erbolach, sein virusmutationstragender Abspalt, nahm ihm die Antwort ab. »Ich muss da rein, die brauchen mich, es geht um die neue Kollektion für den Winter.«

(6)

»Die neue Kollektion für den Winter«. Was zwischen 1983 und 2019 sonst noch passiert war. Am Fangstein: Li.

Der Stoff, aus dem die »Kollektionen« sind, das Virus. In G'bh-S ist es auf seine Weise *deep*, nämlich tief in die Zukunft hinein und nicht so leicht abzulösen von der nächsten besten Technologie, die um die Ecke kommt. Anders als Kautschuk (Sektor Verkehr und Mobilität), Kupfer (Sektor der leitenden Leitungen), Uran (Sektor nuklearenergetische

Sicherung von warmen Ärschen und Landesgrenzen, adieu fossiles Zeug, aber wehe, wenn …), Cobalt (»Handys wurden die Gummireifen der neuen Jahrhundertwende. Egal welches Mobiltelefon, welchen MP3-Player, DVD Recorder, Laptop oder welche Spielkonsole man aufbricht, hält man ein Bröckchen G'bohessa-Sul in der Hand« Van Reybrouck, a.a.O., S. 537 f.), ist das Gbh-Virus™ robust und nicht fortschrittsüberholbar.

Hilfreich für seinen Siegeszug war die Globalisierung 2.0. Geschäfts- und Pilgerreisen in die Zentralen der Weltkonzerne, Billigfliegerei nach überallhin und flinker Handel durch Normcontainer auf dicken Schiffen: »Die Welt ist kleiner geworden. Wenn eine Nation hustet, können andere nicht schlafen«. W. T. Close, *Erbolach. Ein Tatsachenthriller aus dem Odenwald von Zaïre.* München: Goldmann [1991] 1996, S. 409 G'bh-S hustete, was die Bälger seiner Citoyens hergaben, und stieß auf Hustenhörer weltweit, die sich den Aerosolen hingaben. Wenn man so wollte, war das Virus die erste idiotensichere Ressource, vom Geld vielleicht abgesehen. Die Heilige Kirche feierte die Ablösung der nützlichen Rohstoffe durch einen lebensgefährlichen als Schwarze Messe. Börsenanalysten ästhetisierten oder politisierten die Wende zum Virus als »Shabarmstädter Sezession«. Hunderttausende Débrouillisten machten in Mutationen statt Elementen.

Aber der Reihe nach.

1983. Es dauerte kein Vierteljahr, bis das Virus die Runde machte in G'bohessa-Sul. In Kin-la-Belle, Ober-Katanga und Shabarmstadt befiel es die Menschen und blieb dabei, Zufall oder Absicht, erst mal innerhalb der Landesgrenzen. Erregerschleuder No.1 und Patient zwei in Personalunion war der Gesandte des Vaters der Nation, der ungeschützt in die Quarantänestation des Tropenkrankenhauses gestürzt war, den Pflegern in ihren Hazmat-Abacosts hinterher. Anders als Wim, den Dr. Faux-Cyculé nach der Totozytenshow angewiesen hatte, in Isolation zu bleiben und sich Untersuchungen (Blut, Urin, Fezes, Exsudat und Exspirat) zu unterziehen, war *L'emb'hasardeur* einfach aus der Klinik spaziert. Dr. Faux-Cyculé und die Freigiebig Verschuldeten Zeugen waren nicht auf der Hut gewesen oder wollten es nicht sein, sie hielten die Luft an und die Nasen zu und die Schließmuskeln auch, man weiß ja nie, und ließen ihn entkommen.

L'emb hatte neben Frau und Kindern die halbe g'bohessasulische Staatskanzlei angesteckt. Die sogar zuerst, denn nach seiner Unachtsamkeit folgte er seiner inneren und anderen Stimmen – »Zum Präsidenten mit dir, *au voleur*« und »Bleib in Reichweite!« – und fuhr schnurstracks zum Rapport in die Vorzimmer des Chef-Chefs.

Dr. Faux-Cyculé sah ihn Wochen später wieder, mausetot und nach einer beeindruckenden Karriere als Superspreader. Bei der Obduktion durf-musste er nach gécaministerieller Intervention beim Tse-Tse, Tseko & Merck Institut für Infektionskrankheiten dabeisein. Es interessierte ihn nur lala, denn aus Leichen, die im TTT&MI vierzehn Sicherheitstage lang in Totenquarantäne gelegen hatten, schaute einen nur die Verheerung an, ein brauchbares Serum lieferten sie nicht. Außerdem hatte Faux-Cyculé alle Hände voll zu tun mit dem anderen Verlauf der totogenen Virusinfektion: dem Überleben inklusive Immunisierung.

Toto selbst konnte er schnell außen vor lassen, der hatte nach dem ingual-ndani-glottisch tradierten Geplänkel seiner Zyten mit dem Virus keinen Kater und spürte auch sonst nix, keine Atemnot und keinen Dünnschiss. Toto schmökte weiter Nikotin und pullte sein Bier und blieb bis an sein Lebensende der aufsichtsratsvorsitzende Primat des Nächsten Innovationsparks. Wim dagegen, *mon dieu* … der pumpte wie ein Maikäfer, blutete und speichelte vierundzwanzig Stunden am Tag und ließ unter sich, dass es keine Freude war. Von der Frau des 'Emb zu schweigen, die aus allen Öffnungen tröpfelte und die Lecks nicht gestopft kriegte, auch die bei ihren Kleinen nicht.

Oktober 1983: Wim kam durch, *uff*, und das isoliert und nach noch einer absichtlichen Re- und Re-Reinfizierung unter Aufsicht und mit Wissen vom TTT&MI. Nicht isoliert und damit echt wild, als infektiologischer Feldversuch zog zur gleichen Zeit das Lebendgut des toten 'Emb seine Kreise.

[*Augenzwinker*]

[*Augenzwinker zurück*]

[Patent drauf!]

[Patent ist schon drauf, und ein g'bohessasulischer Markenschutz auch]

[TM ? Wann wird es zu Gbh-Virus®?]

[Demnächst. Gut Ding will Weile haben]

In der Staatskanzlei prasselten die Krankmeldungen nicht nur auf den Schreibtisch des Vaters der Nation. Sie filterten auch durch an eine Öffentlichkeit, die Zeitung las. Die Heilige Kirche und Dr. Faux-Cyculé hatten nichts dagegen, dass das neue Stöffsche im Land viral ging. Je mehr Menschen davon erfuhren, fanden sie, desto besser wirkte es als Mix aus tödlicher Bedrohung und Gelegenheit zur Selbstbedienung nach Artikel 15. Also pinnte eine Zeitung von der anderen ab und über Agenturmeldungen kam es zum Spillover raus aus G'bohessa-Sul. »Was geht da ab im Nachbarland?«, fragte unter anderem das *Echo*. »In G'bh-S fallen Zellaußenwände zunehmend rein auf die Anmache von Aminosäuren im molekularen Kontakthof.« »Neuer Trend aus G'bh-S kann auch hier greifen.« – »*Zut*, er greift auch hier: Erster Verdachtsfall in Khartoum.« Und: »Volker Mobutu liest die Krankmeldungen nicht mehr.«

Auch die Durchseuchung mit dem richtigen Ding ging weiter. Es war die Bedingung für den eigentlich neuen Rohstoff, der ein vom Virus abgeleiteter war, die Heilige Kirche ließ über die Gécapharm einen Impfstoffkandidaten entwickeln. Verschlusssachlich legte sie Human-Challenge-Studien und Pröbchen-Verkostungen *avec Dés pioniers* auf, als das Virus noch ein inländisches war. Dr. Faux-Cyculé suchte in den RNA-Innereien des Virus herum und fand –

isolierte und sicherte im Auftrag der Gécaminister – ein rein g'bohessasulisches, das (a) nur und exklusiv in den Citoyens auftrat, dort (b) mutierte, was (c) mit jeder Variante, die sich zur kalten Jahreszeit durchsetzte, eine neue Kollektion von angepassten Impfstoffen erforderlich machte.

So stand es im Geschäftsplan und 1986 erstmals im Prospekt für Freigiebig Verschuldete, die sich im Nächsten Innovationspark »Pasua Kitako« die Zukunft sichern und an ihr beteiligen konnten. »Schuld ist das Virus.« Auf den peppigen Aufmacher folgten Details zur Umwegszuweisung, »Schulden bedienen mit *GbohessaVac*«, und wer noch Fragen hatte, dem wurde geholfen von Toto, der als erster Ausbrüter des Gbh-Virus™ *die* Koryphäe und damit tatsächlich der ideale Aufsichtsrat war. Ab 1989 an seiner Seite, wir ahnen es: nicht mehr der Raketenweymarhans vom Pleitepark, sondern Jean-Ougour »Hanswim« d'Erbolach.

Doch Future Options waren das eine mit dem Versprechen vom sich entschuldet haben werden, das verdächtig nach einer Präsen/s/z/ausdünnung klang, wie sie Wim durchgemacht hatte. Das andere war der Weg bis dahin, die unzähligen Gegenwarten und Leidenszeiten in Forschung und Entwicklung.

1988, nach den Jahren im toten Winkel, in dem Héloïse Blonde auf ihren Zebrawim warten musste: Die Qualen der letztlich Verreckten hatten ein Maß und eine Messeinheit, außerdem eine Währung gefunden, den VAS-Coin für »Anteil (Schmerzwert) auf einer Visuellen Analog-Skala«. Ausbluten, Diarrhö und Ersticken notierten hoch, auch wenn Toto & Co. nur ungern darauf angesprochen wurden, denn damit war nicht gut zu spekulieren, das warf nichts ab. Anders an der *Bourse des Survivants*, wo mit dem Überleben der Virusinfektion gehandelt wurde und der Index allmählich, ganz allmählich kletterte. Nach Hanswim überstand auch die Frau des 'Emb die Infektion. »Mbunzu« hieß sie: Close, a.a.O., S. 232 Danach andere, einige davon mit Langzeitschäden, aber egal, sie packten es.

Ihr Überleben wurde zum Derivat, denn sie boten Serum, ordentliche Titer und sich selber an als Reinfektionsversuchskaninchen für das, was Dr. Faux-Cyculé & Co. aus dem Wildtyp machten. Im »Pasua Kitako« der frühen 1990er Jahre klamüserte man nämlich an gleich zwei Sächelchen herum. Neben dem Impfstoff, für den die Gécapharm provisorische Labore am Standort des alten Datterichgeheges errichtet hatte, davor ein Schild »Wir stellen ein« und »Bewerbungen von Citoyens der Humanmedizin und promovierten Pipettenpumpern bitte an Frau Ada«, ging es nach der vollständigen Aufdröselung des Gbh-V™ um seine Optimierung.

Jau, richtig gelesen, Optimierung. In »Pasua Kitako« war der Innovationsdruck gewachsen, als das TTT&MI 1994 der Welt gemeldet hatte, was die schon längst wusste, weil Diplomaten taten, was Diplomaten tun (Austausch, Kontaktpflege), und renditeunzufriedene Freigiebig Verschuldete darauf gedrängt hatten, die TM zur globalen ® zu machen. Mit der Meldung der Existenz von Gbh-V an die WHO begann die Aufholjagd der anderen. Der schöne Wissensvorsprung, den Dr. Faux-Cyculé für G'bohessa-Sul herausgeschlagen hatte, schmolz dahin, bis 1996 würde er komplett verdaddelt sein.

Die Heilige Kirche hatte das kommen sehen – in den Prospekten für Freigiebig Verschuldete natürlich nicht erwähnt, aber kommen sehen – und passte die Strategie an. Ab sofort arbeitete Dr. Faux-Cyculé nicht mehr in Abstimmung mit dem TTT&MI für die Kirchenzentrale in Shabarmstadt, sondern für die Gécapharm und verbesserte die Escape-Fähigkeiten des Virus.

Abb. 36

Heißt, er dachte und handelte wie das Gbh-V® selbst, nur nachhaltiger.

Und?

Und es ging auf. Faux-Cyculé und die neue g'bohessasulische

Rohstoffindustrie hielten dem Druck stand. Meilensteine waren das Mutationstraining der Viren, ihre Nationalisierung und der Rollout von GbohessaVac.

1999. Trainerdoktor Faux-Cyculé krönte sich mit dem, was die Fachwelt zungenschnalzend und die WHO ziemlich angepisst den Nidofilismus des Erregers nannte: das abrupte Verändern seiner Stammzugehörigkeit von Fadenvirus zum Nesttypus und umgekehrt, je nach eingeimpftem Antikörperbestand. »Paria hin oder her, mit seinem maximal rezeptorbindungsflexiblen Gbh-V spielte Faux-Cyculé Hase und Igel mit Virologen, Serologen und den angewandten Pharmawissenschaften«. M. Erenna, 30 Jahre Gbh-V. Kinfurt: G'bohessasulischer Rundfunk (= GbhR Podcast, Folge 64, 12. Oktober 2013) Hinbekommen hatte er das flinke Bäumchen-wechsle-dich durch Verstärkung des viralen Selbsterhaltungstriebs. Gbh-V® war wie alle Viren darauf aus, durch Mutation in der Welt zu bleiben und schön weiter die Immunabwehr zu umdribbeln. Faux-Cyculé reizte es an genau der Stelle. Über seinen Co-Trainer (Kopfschmerz, Raketenerinnerung, aus sich Treten … État) piesackte und entwickelte er es:

»[du weißt, du hast Talent] – [ich-weiß-ich-habe-Talent] – [---] – [war'n *Späßken*!] – [---!] – [tschuldigung!] – [---] – [ich höre] – [Lektion 1, du bist der Wildtyp, plötzlich Immunattacke, während du an Position 453 bis 472 andockst!] – [würde ich aus dem Kopp beantworten mit Aminosäureaustausch an 453 bis 472, alle zwanzig auf einmal] – [erstens, schaffste nicht. Zweitens, nicht nur mit den Füßchen reagieren] – [bin's phylogenetisch so gewohnt] – [und deswegen jedes Mal nach zwei, drei Saisons platt] – [hm] – [spiel's mal anders, okay? Hier: Mutatie totaal] – [Johan Cruyff für unsereins?] – [mit Kopf und Körper, Dicker, nicht bloß mit den Proteinfüßchen] – [nenn mich nicht Dicker!] – [Nest, Knubbel, *Dicker*] – [noch *ein*mal und Fressbrettpolitur!] – [ich Trainer, du Trainiertes, nicht vergessen!] – [is gut, is gut] – [Nest, Knubbel, Dicker! Ha-ha, Fettsack! Was machste, wie reagierste?] – [ich mach mich lang] – [hör ich das?] – [ich mach mich lang!] – [Schluss mit dem Knubbel, weg das Nest, jawoll. Aber bleib in der Situation, die neutralisieren dich, jeden Moment isses so weit] – [ächz!] – [so geht das, jawoll, schlank biste schon mal] – [ich krieg den Wendel nicht hin] – [drück ihn raus!] – [*drück!!*] – [na also, ein perfekter Faden, komplett von Kopf bis Füßchen] – [japs!] – [guck dir die Antikörper an, wie die aus der Wäsche gucken, schön geschrottet haste die, und jetzt weiter, nicht nachlassen, Gegenattacke!] – [japs] – [worauf wartest du?] – [nimm das, Zelle, hier kommt Schlacks, der fitte Faden, und tritt dir die Membran ein!] – [so gehört das, jawoll, Nationalmannschaft, siehst du zu?] – [höhö] – [lass sie ihre Immuntrümmer aufräumen und dann machen wir uns an Lektion 2] – [ich bringe sie nicht um?] – [die hier nicht, die bleiben dein Sparringspartner und greifen bald wieder an] – [Lektion 2, es hat sich ausgedünnt, Schlacks, zurück ins Nest?] – [du bist nicht nur mit den Füßchen ein Talent, du bist auch ein Schlaubi. Mutatie totaal!]«

»Nationalmannschaft« als der Kleinejungentraum eines jeden einzelnen Virus: Faux-Cyculé spielte auf was an. Das originäre Mutationsgeschehen musste im Land bleiben, also bläute er dem Gbh-V eine Erregersulité ein: dass es neben viel Ehr und Ruhm auch eine Bringschuld gebe. Zuerst wird daheim mutiert, danach geht's an die Auswärtsspiele: Nur so blieb die Kontrolle in »Pasua Kitako« und Kinfurt. Das Gleiche in Grün für die Citoyens und Débrouillisten. Trommeln in der Kirche, auf dem Fußballplatz, in den Gruben und Städten: *Mutation & Verbreitung* – zu Hause mit neuester Variante anstecken (»im Reservoir bedienen«), dann an die Welt weiterreichen. *Nur zu Hause anstecken!* Bis 2006, ein Jahr nach der Erstzulassung von GbohessaVac durch das TTT&MI und kurz vor der ersten Notfallzulassung im Ausland, hatten die Leute es gepickt und hielten sich dran.

Und dann konnte geerntet werden. 2007, Gécapharm ging durch die Decke, die Geduldigen unter den Freigiebig Verschuldeten sahnten ab, das System fiFi wies umwegszu und auch die kleinen Virenschleudern, die subsistenzwirtschaftenden Dés auf dem Land, wurden belohnt, solange sie die Nummer mit der frischesten Virusmutante in ihren Körpern überstanden.

»Im Reservoir bedienen«, Lisettchen gab ab. »Inoffiziell heißt das anders.«

»Beim Hans einkaufen.« Matilda fing den Wurfstein, »*acheter chez Jean*«.

»Warum eigentlich?«

Li happte sich ihren Gewinn rein, zwei Linsen. »Was hat dieser d'Erbolach, das Lieschen Süd fehlt?«

»Die längste Erfahrung von uns allen, als Patient null? Oder sein I.N.G.-Ding. Der kann, wenn er will, das Virus noch ganz andere Dinge turnen lassen als die nidofilistische Kür.«

»Faux-Cyculé kann das vielleicht«, schnappte Li. »Aber der?« Diese Minusperson, der Volumenschatten? »Niemals.«

»Vielleicht ist er auch nur eine treue Seele.« Ein verlässlicher schwarz-weißer Brutkasten.

»Verlässlich ist er, das ja.«

Zwölf Jahre lang kam aus Jean-Ougour d'Erbolach die passende Virusantwort auf die Impfstoffanpassungen. Verlässlich schlüpfte aus ihm der erste Erreger, der unter der neuesten pharmazeutischen Limbostange durchtanzte. Und nur am Anfang, bis Kollektion No 3 in 2009, fluchte die Welt noch was von Durchbrüchen. Danach waren sie die Regel. Gbh-V® hatte Grippestatus erlangt und Gécapharm lieferte das nächste angepasste Vakzin. GbohessaVac schubste Saison für Saison verlässlich die komplette internationale Konkurrenz vom Parkett und räumte Goldene Pharmabären ab: Sieger in der Kategorie bester Schutz gegen schweren Verlauf, Sieger beste Wirksamkeit gegen Long-Gbh-V®.

Sieger dies, Sieger das, und schön immer zweiter Sieger im Wettstreit mit Mutatie totaal.

Aus dem Provisorium mit Laborcontainern und »Wir stellen ein«-Schildern im Nächsten Innovationspark »Pasua Kitako« war 2019 ein Pharmastädtchen geworden. Das Research and Development-Viertel funkelte mit den Fassaden. Im Worklifebalance-Bereich außerhalb der Sicherheitszone planschten die Kinder der – Achtung, Werksjargon! – Gécapharmilien im Fünfundzwanziggradpool; die größeren kletterten ein Raketenspielgerüst rauf und runter. Die Heilige Kirche hatte das Planschbecken mit Gbodalit ausschlagen und die Mondbasis aus dem ersten Innovationspark ausbuddeln, entrosten und aufmotzen lassen: Spielplatzvergangenheit als Versuch von Traditionsmache, wo es keine Deep Company History gab.

Vor der Schleuse in die innere Sicherheitszone standen die zwei Unersetzlichen.

»Mach endlich auf«, hustete Hanswim.

[---], von Zebrawim.

»Die neue Kollektion. Drin-gend!«

D'Erbolach war der energischere der beiden. Lag's an der fehlenden Zebrafizierung nach der Nummer im Tropenkrankenhaus? Oder an der Scheckheftpflege seit 1983 als das ertragreichere Humankapital? Biotechnologie statt Wach- und Schließdienst, auch wenn Héloïse Blonde das anders sehen würde.

Dann wollen wir mal, schwieg Wim. Er schob sein Barcodegesicht vor die Schleuse und tauchte ab. I.N.G.O.-H. setzte ein und *croque!* schnappte das schmale Edelstahltor auf. Der Wim, der er vor dem Volumenzipperlein mal war, zwängte sich an ihm vorbei. Jean-Ougour d'Erbolach keuchte in die Labore.

Jetzt eine Infektion, schwieg der andere. Mit vierundsiebzig, das fehlt noch.

Quellen

Abb. 1 eigenes Foto
Abb. 2 DVD Screenshot Fly Rocket Fly
Abb. 3–5 DVD Screenshot Fly Rocket Fly
Abb. 6–8 eigenes Foto im Gelände des ehem. Safariland
Abb. 9 Screenshot, u.a.
https://x.com/fneuhann/status/1027898595171880965
Abb. 10 Screenshot
Abb. 11 Screenshot
Abb. 12 Screenshot, ähnlich hier
https://profis.eintracht.de/news/die-titelverteidigung-1975-65162?utm_source=google_organic
Abb. 13 Screenshot, ähnlich hier
https://trivela.com.br/mundo/zaire-1974-a-selecao-que-mudou-a-historia-da-africa/
Abb. 14 Scan, Helmut Borcherdt,
Architekten. Begegnungen 1956–1985, München 1988
Abb. 15 Screenshot, S. 4 in
https://www.yumpu.com/de/document/read/5132801/spd-fdp-koalition-strammrechten-kurs-zfd-onlinenet
Abb. 16 Screenshot, S. 1 in
https://www.yumpu.com/de/document/read/5132801/spd-fdp-koalition-strammrechten-kurs-zfd-onlinenet
Abb. 17 Screenshot, S. 4 in
https://www.yumpu.com/de/document/read/5132801/spd-fdp-koalition-strammrechten-kurs-zfd-onlinenet
Abb. 18 Screenshot https://homersheimat.de/darmstadt/nwv/nwv-vereinsgeschichte.php
Abb. 19 Screenshot https://www.shutterstock.com/image-photo/fish-river-canyon-road-sign-namibia-328657013
Abb. 20 Screnshot http://www.eintracht-archiv.de/1975/1975-08-15st.html
Abb. 21 Scan aus Michael Müller »Der Alte Hans. Essighändler, Ölhausierer, Jagdtreiber, Invalide – Spurensuche zu einer vergessenen Sagenfigur aus dem Umfeld der Burg Frankenstein« in: *Der Odenwald* – 65. Jahrgang – Heft 4 / 2018
Abb. 22 u. 23 Screenshot aus Safariland Gross-Gerau/Wallerstädten 1970
https://www.youtube.com/watch?v=xmd5LmtfCaE dort Minute 1:30
Abb. 24 u. 25 Screenshot aus bild.de https://www.bild.de/news/ausland/news-ausland/meerschweinchen-an-bord-vom-kongo-ins-all-77030366.bild.html
Abb. 26 u. 27 Screenshot
https://dserver.bundestag.de/btd/13/033/1303390.pdf S. 1 und S. 49
Abb. 28 eigenes Foto

Abb. 29 Screenshot http://www.safarilandgg.com/index.htm
Abb. 30 Screenshot http://otrag.com/kapitel-3/
Abb. 31 u. 32 DVD Screenshot Fly Rocket Fly
Abb. 33 Screenshot http://www.safarilandgg.com/Zelte%20im%20Safariland.htm
Abb. 34 safarilandgg.com eigenes Foto
Abb. 35 Screenshot https://www.spiegel.de/kultur/die-unglaubliche-geschichte-von-den-tueftlern-aus-schwaben-die-beinahe-ins-all-geflogen-waeren-a-4b499cb4-5220-438e-8cd9-389a70fbd108 oder https://www.facebook.com/flyrocketflyfilm/posts/otrag-was-the-first-company-trying-to-launch-rockets-from-africa-into-spacethis-/283274195615824/
Abb. 36 Screenshot https://www.swr.de/swraktuell/rheinland-pfalz/mainz/biontech-aus-mainz-uebernimmt-instadeep-100.html

Alle Zeichnungen von
Sophie Storch, 2023
Tusche auf Papier, je 29,7 × 42,0 cm

Das ewige Kramzeugs

Anne Storch

I
Die Bach

Bis auf das Flugzeug, das sich in den Himmel schiebt, ist es leer. Kein Mensch zu sehen, kein Hund und kein gar nichts. Der Flieger benötigt für sein Steigen die Fläche des gesamten Wiesengrunds, der sich links und rechts von der Bach erstreckt. Eine ungemein weite Fläche fetten Grases mit ein paar angeblichen Orchideen dazwischen, an der Bach selbst dann auch Schilf. Da muss er drüber, der Flieger, und dann ist er oben. Verschwindet im Süden. Dann ist es nicht nur leer, sondern auch still. Die Leute werden in einigen Stunden in Nairobi von Bord gehen und die Hitze spüren. Dann werden sie Sprachen hören, die ihnen fremd sind.

Olaf läuft der Schweiß in die Augen. Er wäre gern in der Bach gewatet. Das Wasser ist blauschwarz. Wer weiß, was da drin ist. Er bleibt auf dem kleinen Fußweg oberhalb des Bachlaufs, wie er am Ende immer irgendwo bleibt. Im hohen Gras Heuschrecken, vorn über dem Schilf die Libellen. Am Waldrand Kamelhalsfliegen.

Die Bach strömt glatt. Olaf wirft einen Stock ins Wasser. Der Stock ist ein Urwaldriese, der auf dem Strom treibt.

Am Nachmittag unter der Markise fällt die Verwandtschaft in der Schwüle in sich zusammen. Der Onkel Franz ist gekommen, der sagt aber nichts.

II
Das Institut

Ich heiße Olaf Walser und arbeite am …-Institut. Das ist ein sehr kleines Institut. Das sieht man schon, wenn man davorsteht. Es führt eine zwergenhafte Treppe zum Eingangsportal, deren Stufen aus rotem Sandstein von den Sohlen der Schuhe vieler Generationen von Institutsangehörigen über Jahrhunderte ausgetreten wurden und die deshalb ganz schief sind. Im Winter ist eine solche Schieflage recht gefährlich, wenn man nicht immerzu säuberlich und sorgsam den frischen Schnee fortfegt. Auch muss man dann sehr kleine Schritte machen, hinauftippeln statt schreiten, denn die Stufen sind schmal. Die schüchternen Trittchen der Institutsmitarbeiter haben sie abgerieben und zu regelrechten Hühnerleitersprossen verschmälert. Und ist man erst einmal wohlbehalten die winzige Treppe hinaufgekommen, hat man es schon mit der nächsten die Besucherinnen und Besucher des Instituts zu Kleinheit, regelrechter Winzigkeit zwingenden Eigentümlichkeit des Gebäudes zu schaffen. Da muss man durch das alte Portal aus schön geschnitztem Holz, das aber nur noch rechts und da auch nur noch einen winzigen Spalt zu öffnen geht. Dort schlüpft man hindurch und hinein. Sogleich betritt man einen Flur mit schmalen Aktenschränken und kleinen Bänkchen, auf denen Platz nimmt, wer warten muss, die Tasche auf den Knien und den Mantel nicht abgelegt. Die Büros hinter den Türen sind sehr still. Es ist nichts von Bedeutung in ihnen. Tische, Stühle, Schränke. Immer gibt es aber einen feinen Duft von verbranntem Sandel, den die Angestellten anzünden, um mit der ihnen abverlangten Sorgsamkeit sich um ihre Aufgaben kümmern zu können. Ein Lehrbub geht von Zeit zu Zeit herum und schenkt Tee in winzige Porzellantässchen aus. Sonst aber bewegt sich den ganzen lieben Tag lang nichts, noch nicht einmal ein Staubkörnchen in der Sonne.

Zurzeit bin ich der einzige Angestellte im Institut. Die anderen hier Tätigen, sich über Tische Beugenden und durch den Türspalt Schlüpfenden sind allesamt Projektmitarbeiter, denen man ganz kleine Arbeitsverträge für jeweils ganz kurze Zeit ausgestellt hat. Wenn sie diese in zufriedenstellenderweise erfüllt haben und nicht für ein weiteres Projekt bleiben möchten, ziehen sie weiter und befassen sich in anderen Instituten und Büros mit anderen Aufgaben. Sie zählen trotz der allgemeinen Winzigkeit des …-Instituts zu den Besten ihres Fachs und es ist ihnen ein glücklicher Fortgang ihrer Laufbahnen nur zu wünschen.

Treppe hin zum Institut
Trepp enuff zum Inschdiduud
Cor yi bungo

Die Kleinheit des Instituts und auch die Zahl seiner Angehörigen ist der Schmalheit der Stiftung geschuldet, auf der es basiert und ruht. Die feinen Arbeiten, die seit Generationen mit der möglichsten Hingabe am Institut verrichtet und ausgeführt werden, waren, sind und bleiben, ermöglicht durch die großzügige Gabe der Witwe T., welche nach ihrer gelungenen und berühmten, jedoch in äußerster Bescheidenheit unter anderem Namen veröffentlichten und bis in die heutige Zeit ausnehmend lesenswerten Übersetzung eines großen Übersichtswerks über den gesamten afrikanischen Kontinent und seine Inseln im Jahre 1671 zu bescheidenem Reichtum gelangt war. Ihr ganzes Leben lang soll die Witwe T. regelrecht sprachenvernarrt gewesen sein und auch Übersetzungen in oder aus erfundenen Sprachen angefertigt haben, wenn ihr keine echten verfügbar waren (was offenbar in den allermeisten Fällen geschehen war). So bestand ihr Nachlass nicht nur aus dem bereits unzart erwähnten Barvermögen, sondern auch aus vielen Übertragungen von diesen Sprachen in jene und umgekehrt, die Aktenschränke füllten und von denen sie nicht wünschte, sie würden eines Tages weggetan. Dies alles ist aus heutiger Sicht als vorbildlich und vorausschauend zu betrachten.

So kam es also zur Gründung des …-Instituts, das zwar dem Willen der Stifterin gemäß nie einen eigenen Namen erhielt, dafür aber eine hervorragende Sammlung ausgedachter Sprachproben besitzt, die aber ihrerseits alle sorgsam mit schönen Namen benannt worden sind. Seit 1679 befasst sich das Institut ausschließlich mit Übersetzungen für dokumentarische Texte, um unser Wissen um ferne und ausgedachte Orte und Landschaften zu mehren. Die Familie T., die mittlerweile im südhessischen Ried ansässig ist, bedenkt unser Institut noch immer. Zuletzt durften wir den Nachlass von Herrn Wim T. übernehmen.

Meine eigene Arbeit unterscheidet sich nicht von der der anderen Beschäftigten. Von früh am Morgen bis spät in den Abend fertige ich Untertitel und Interlinearübersetzungen für

Dokumentarfilme an. Unser Institut arbeitet heutzutage nur noch für den Sender Hessenservus. Dieser Sender strahlt schwerpunktmäßig und ausschließlich Dokumentarfilme aus. Neben den Heimatdokus legen die Haupteigner des Senders, eine Fürstenfamilie aus dem Odenwald, besonders viel Wert auf die Afrikasparte, auch wenn das Interesse des Publikums eher den Beiträgen über Südhessen und den Randgebieten des Odenwalds gilt. Dadurch sind insbesondere im toponomastischen Bereich große Anstrengungen unter uns kleinen, durchgeschlüpften Gebeugten erforderlich. Denn wir übersetzen alle Dokumentarfilme streng historisch, sodass die geneigte Zuschauerin alles über die sich auch im kleinsten Wort noch auffindbare Geschichte erfahren kann. Ich will das einmal durch das folgende Beispiel aus einem Film über eine endemisch auf der Insel Pantelleria vorkommende Tierart zu erörtern versuchen:

> Auf der Insel Pantelleria lebt die Waldmaus Apodemus sylvaticus hermani.

Wir behandeln hier im Institut Pantelleria als eine afrikanische Insel, da sie im von der Witwe T. übersetzten Übersichtswerk als solche genannt und beschrieben wird, auch wenn sie heute zu Italien gehört. Deshalb übersetzen wir diesen Text zunächst aus Respekt einmal ins Arabische. Man muss bedenken, dass man auf Pantelleria um 1671 Arabisch gesprochen hat, auch wenn die meisten Einwohner Katholiken waren, so wie heute vielleicht noch immer.

> يعيش الفأر الخشبي Apodemus
> sylvaticus hermani في جزيرة بنت الريح.

Wie leicht zu erkennen ist, ist der zoologische Name der Waldmaus Apodemus sylvaticus hermani nicht übersetzt worden, denn diese Maus, welche endemisch auf Pantelleria ist und nirgendwo sonst vorkommt, wurde erst 1970 entdeckt. Das ist sorgsam und genau in der Übersetzung kenntlich zu machen. Zur arabischsprachigen Zeit gab es kein Wort für diese Maus, oder wir kennen es nicht.

Der peinlichen Korrektheit halber können wir nun die italienische Zeile hinzufügen:

> Il topo selvatico Apodemus sylvaticus hermani vive nell'isola di Pantelleria.

Wir fügen nun eine Erklärung hinzu, dass Pantelleria die italianisierte Form des arabischen Toponyms »Tochter der Winde« (بنت الرياح) vorstellt. Bedenken wir nun die Nähe der Stadt Tunis und die vielen Handelswege von Nordafrika nach Süden und stellen wir uns einmal die historische Bedeutung einer Sprache wie Hausa in diesem Handel und Wandel vor, so folgt nun in angemessener Weise eine Übersetzung auch in diese Sprache.

> Bera na itace Apodemus sylvaticus hermani yana zaune a tsibirin Pantelleria.

Statt *Pantelleria* könnte man auch *'yar iska* nehmen, aber das wäre unhöflich, weil es sich bei diesem Ausdruck im Hausa um eine Schmähung handelt. So etwas muss man bedenken. Das ist eine bedeutsame Kleinigkeit.

Es würde nun recht eigentlich eine phönizische Übersetzung und eine punische zu folgen haben. Das wäre fein und gelehrt. Aber es wäre nicht im Sinne unseres heutigen Denkens. Denn es muss Neues entstehen. Dazu müssen wir alle beitragen.

Ein Beharren auf totem Antikem wäre auch nicht im Geiste der Witwe T., die sich doch den sprachlichen Gepflogenheiten der lebendigen Leute sehr verbunden gefühlt haben soll. All ihre feinen und in den Schränken des Instituts noch immer verwahrten Übersetzungen sind im Gespräch mit denjenigen Menschen zustande gekommen, die damals von weit her kommend als Soldateska, Fahrende und Reisende in den Odenwald einst verschlagen worden sind. Und wo sie einmal nicht fragen konnte, vielleicht zum Punischen, das immerhin auch erst 1758 von Jean-Jacques Barthélemy zu entschlüsseln begonnen worden ist, da hat auch sie schon stets auf ihre reichen Spracherfindungen zurückzugreifen gewusst.

Das tun wir auch heute noch, wenn es das Sujet einer Dokumentation verlangt. Im Falle des Dokumentarfilms über Pantelleria können wir aber auch einmal etwas Neueres nehmen, eine andere erfundene Sprache wie beispielsweise auch einmal die Sprache, die mein Onkel Franz in den letzten Jahren seines langen Lebens sprach, nachdem er alles andere, was er je gelernt hatte, vergessen zu haben schien.

> Jiyo Apodemuc cylbatikuc kermani än pii kar acule Panteleriya.

Und so weiter. Das wird alles mit Kochkäs fein in den Film eingeklebt. So sieht also ein einwandfrei übersetzter Dokumentarfilm in Hessenservus-Qualität aus. Und das gilt für die Afrikasparte ebenso wie für die Heimatdoku. Auch hier ist die beste und schönste Aufmerksamkeit den in ihrer Vielfältigkeit nahezu unerschöpflichen Tonspuren des Materials zu schenken. Es ist gerade das alte Material recht essentiell, welches viel in den historischen Heimatdokus in Gebrauch kommt, die besonders um die Weihnachtszeit, speziell in den Tagen zwischen den Jahren, sehr beliebt sind. Dann werden die alten Männer auf den seit Langem schon vergangenen Hooschebaafesten noch einmal zum Klingen gebracht, auch wenn sie heute wohl kaum noch ein Mensch versteht.
Ein Beispiel. Der folgende Text stammt aus einem inszenierten Interview mit einem Urgestein am Rande eines der ersten Hooschebaafeste in den 70ern. Das meiste, was er

sagt, ist so, in dieser Form, mittlerweile ab- und ausgestorben. Wir haben es zunächst transkribieren lassen. Das macht unser Franchise-Unternehmer in Kigali.

> Awee aweee aweee
> Aweee
> Aweee aweee aweee
> Ahoi lugagen hagen ahoi, ahoi ahoi
> Today, hoge buch richtish ape hoge van hegen
> Was icht wie Glodevere wed ich kann das sagen
> Hoge doch her ich pregen kiekiekiekie ich geburen
> friegen bischen slonhegen das ist paragen und das
> ist buch and klein duhaben.
> Ich sehe gar nichts kiekiekiekie
> Dutch ! die hast sie grost so wiehaben.

Dieser Text, der eine der altertümlichsten Formen des Deutschen vorstellt, die man überhaupt kennt, und der sehr deutlich zeugt, wie wohl und gepflegt sich die südhessischen Mundarten noch in den Siebzigern befunden haben, muss nun auf die Bedürfnisse des modernen Fernsehpublikums abgestimmt werden. Hessenservus wird die Hooschebaadokumentation am 27. Dezember ausstrahlen wollen, und bis dahin wird unser Institut Untertitel eines heute geläufigen, jedoch nicht übertrieben korrekten Deutschs anfertigen, darüber hinaus aber auch Untertitel in Japanisch in Angedenken an den von der Witwe T. einst sehr bewunderten Shimabara-Aufstand (1637–1638).

Trotz solcher aufwendiger Prestigeproduktionen, deretwegen wir uns für Hessenservus besonders viel Zeit einplanen und somit von anderen Arbeiten wie Buchhaltung, Putzen und dergleichen freihalten, gibt es über das gesamte Jahr gerechnet niemals zu viel zu tun. Die meiste Zeit arbeiten die Angehörigen des Instituts still und fein und leise in ihrer Abgeschiedenheit.

III
Der Onkel Franz

Franz Speck war gebürtig aus Klein-Umstadt, wo er 1885 das Licht der Welt erblickte. Zwei Jahre später wurde seine Schwester Edda, später verheiratete Walser, geboren. Die Familie war seit Jahrhunderten im Odenwald ansässig und hatte dort immer den Beruf der Abdeckerei ausgeübt. Franz Speck war es vergönnt, die Volksschule zu besuchen und auch Bibelstunden zu nehmen. Nach einer Ausbildung zum Chronisten übte er diesen Beruf aus. 1911 wurde er nach Wau im damaligen und auch heutigen Bahr el-Ghazal (Südsudan) ausgesandt, um die dortige Mission zu unterstützen. Er arbeitete als Leiter einer Kopistenschule und trug maßgeblich zum Aufbau der Wauer Bibliothek bei. Speck hat als einer der Kenner der Sprachen der Region nahezu alle im Archiv abgelegten Chroniken eigenhändig übersetzt und illuminiert. Davon sind viele verloren. Es liegen aber Prachtbibeln vor in den Sprachen Belanda Bor, Belanda Bviri, Luwo und Shilluk.

Durch den Ausbruch des Ersten Weltkriegs musste er seinen Dienst unterbrechen und wurde in Kiriyandongo interniert, wo er Maltesisch und Polnisch lernte und eine Prachtbibel in Chopi gestaltete, die aber als verschollen gilt. Als Internierter fuhr er bis zum Ende des Kriegs Traktor in der Umgebung von Kiriyandongo und auf einem Feld bei Masindi.

Nach seiner Rückkehr nach Klein-Umstadt wurde Franz Speck Cornett. Erst 1925 kam es zum Neubeginn der Missionstätigkeiten, sodass sich Speck erneut nach Afrika ausschiffen konnte. Er wurde wieder in Wau eingesetzt, war aber auch für bestimmte Aufgaben in Juba zuständig, die jedoch nicht mehr eindeutig zu rekonstruieren sind. In der Zeit des Nationalsozialismus und der ersten Nachkriegsjahre brach Franz Speck den Kontakt mit seiner alten Heimat vollständig ab. Er ließ sich in dieser Zeit einen neuen Pass und auch eine neue Geburtsurkunde sowie einen Impfausweis ausstellen, die Dokumente sind alle erhalten und weisen ihn als Einwohner und Staatsangehörigen des Safarilands aus.

Am 27. Februar 1964 beschloss der Ministerrat des Sudan die Ausweisung ausländischer Missionare, darunter auch Missionare aus dem Safariland. Speck verließ Sudan und verbrachte die restlichen Jahre seines Lebens als Pensionär im Haus seiner Eltern in Klein-Umstadt. Er führte dort ein unauffälliges und bescheidenes Leben, aus dem wenig überliefert ist. Akten aus Groß-Umstadt belegen, dass er nach der diplomatischen Anerkennung des Safarilands ab 1968 Duldung genoss und dass ihm auch ein monatliches Legat durch eine Odenwälder Fürstenfamilie ausgesprochen worden war.

Das sogenannte »Specklegat« zählt zu den ungelösten Rätseln der Wirtschaftswunderära. Es konnte keine Verbindung Specks mit der genannten Fürstenfamilie nachgewiesen werden und auch keine Besuche Specks in ihrer Umgebung, und sei es nur zum Zwecke eines Ausflugs.

Gut dokumentiert hingegen sind die Besuche prominenter Persönlichkeiten im Hause Specks in den letzten fünfzehn Jahren seines Lebens. Ein Grund für diese in der Lokalpresse im Übrigen auch regelmäßig gewürdigten Ereignisse war, dass Franz Speck sehr guten Kaffee zubereitete.

Franz Speck besuchte seine in Sprendlingen verheiratete Schwester zu allen großen Familienfeiern und fiel dort lediglich durch seine Stille auf, die nur gelegentlich durch Beiträge in einer von ihm erfundenen, den Familienangehörigen jedoch weitgehend unverständlich gebliebenen Sprache unterbrochen wurde. Die jüngeren Mitglieder der Verwandtschaft bezeichneten Specks Sprache, von der man annahm, dass sie ein Zeichen zunehmender Senilität war, lautmalerisch als »Pipini«. Sein Großneffe Olaf Walser hat einige Dokumentarfilme in dieser Sprache untertitelt, wodurch sie einem größeren Publikum bekannt wurde.

Franz Speck, im Alter meist Onkel Franz genannt, verstarb in seinem Geburtshaus am 24. September 1984 nach einem langen und erfüllten Leben qualvoll an den Pratteln. Das Werk Franz Specks zeichnet sich durch seine ungewöhnliche Überschaubarkeit aus. Es besteht nach heutiger Nomenklatur (Speckwerkeverzeichnis) aus zwei Teilen: den erhaltenen und den verschollenen Werken. Verschollen sind alle Werke, die Speck als Chronist vor seiner ersten Aussendung nach Wau geschrieben und gestaltet hat. Von ihnen wissen wir nur über Zeugnisse der *Oral History* (SPECK TESTIMONIES PROJECT). Es sind außerdem sämtliche nach 1925 entstandenen Werke entweder verschollen oder versteckt. Zu den erhaltenen Werken gehören die Prachtbibeln in Belanda Bor, Belanda Bviri, Luwo und Shilluk.

Die Belanda-Bor-Bibel mit kostbaren Inkrustationen und einem Einband aus mit Goldfolie und Edelsteinarbeiten überzogenem Sperrholz ist mit 6754 Seiten das umfangreichste dieser Werke. Die Marginalien in drei zentralsudanischen Minoritätensprachen gehören zu den kostbarsten Manuskriptschätzen südhessischer Missionarslinguistik und werden seit 1976 in Klein-Gerau an der Forschungsstelle Speckmarginalien erforscht.

Die Prachtbibel in Shilluk gilt heute aufgrund ihres aus geschnitztem Elfenbein gefertigten Einbands als das problematischste Werk Specks, wenn man einmal von den verschollenen Werken absieht. Sie umfasst eine von Speck selbst kommentierte Sammlung von Heilstexten auf 78 Seiten Original-Parchment.

Die Prachtbibel in Luwo ist vollständig auf Fischhaut geschrieben, was sie zu einem seltenen Exemplar der sonst wenig erhalten Ichthyolapsen macht. Speck selbst hat sie eigenhändig prachtvoll illuminiert, wobei er auf der glitschigen Unterlage regelmäßig über den Rand gemalt hat. Dadurch ist die Luwo-Prachtbibel in Teilen unlesbar und ein Enigma.

Die Prachtbibel in Belanda Bviri ist kurz vor Specks Internierung begonnen worden und musste somit hastig vollendet werden. In ihr spiegeln sich die harten Bedingungen, unter denen solche Werke entstanden, am besten. Sie enthält vier mit Buchmalerei ausgestaltete Pergamentseiten und achtzehn Schulheftchen mit Notizen und Gestaltungshinweisen, die alle zusammen in einem Schuber aus Karton untergebracht sind, den Speck mit seinem Wasserfarbkasten schön angemalt hat.

Die Korrespondenz Franz Specks wird derzeit am Literaturinstitut Darmbach herausgegeben. Sie umfasst vierzehn Briefe Specks an einen sudanesischen Hausmeister, zehn Karten an seine Schwester Edda Speck, spätere Edda Walser, sowie 58 Zettel mit Hinweisen an seine Putzfrau.

Würdigungen Specks datieren durchweg in seine Zeit als Pensionär und in die Epoche nach seinem Ableben. Eine Sondermarke der Deutschen Bundespost von 1976 zeigt Speck im Schlafrock.

Franz Speck gilt im Übrigen als wesentliche Inspiration für den von Klaus Kinski gespielten Helden in Werner Herzogs Film *Fitzcarraldo*, der, um seinen Traum eines Opernhauses in Manaus im brasilianischen Urwald zu verwirklichen, ein Dampfschiff über einen Berg ziehen lässt. Speck besaß einen Atzmann, eine etwas zerkratzte gotische Großplastik von einigen Zentnern, die er auch zu all seinen Einsätzen in Bahr el-Ghazal antransportierte.

IV
Das Forum

Liebe Kolleeschinne un Kolleesche in unserer Community!
Isch begrieß Eusch all zu unserm Jahrestreffe im unserm Forum *Linguistenfändäsy* un

Isch bin kei Redner
Einoja
Isch begrieß Eusch aach im Naame von unserm Vorstand un aach

Geburtshaus Franz Specks
Dem Franz sei aal Hidd
Paco Piranchechko

Isch

Isch bin kei Redner

So

So isses

Awwer isch begrieß Eusch all un freu misch dasmer all zesamme hier beisamme sin. Denn unser Forum is wischtischer denn je. Mir sin am Puls vonnerer Zeit un misse an unser Forum nur de Glauwe ned verliere dun. Unser Beiträäsch zur kriddische Uffaabeidung von all dene erfunnene Itiome des is e Leischdung die bleiwe mer de Weld ned schuldisch. Die leisde mer die Leisdung. Es is allsemol en Ambraasch awwer mer losse uns ned endmuudische. Un wie es so gekomme is habbisch Eusch aachemol ebbes zu verzälle von eim von unsere viele scheene Erfolsche.

Isch bin kei Redner

Gell

Einoja

Es is nemlisch uff uns zugekomme des Inschdiduud vonnerer vonnerer also vonnere Anner da unne also dere Widdwe da die alswo da e Schdifdung oigrischd hat. Dieses Institut mei liewe Genossine un Genosse des is an uns, annes Forum Linguisdefändäsie herangetrede un hat uns aagefraacht. Die hawwe en Haufe aal Gelersch da erum liesche des sin all so erfunnene un ersonnene Schbraache un da solle mir mit unsere Kenntnisse unsere Expertiis gelle uns aabringe un des ordne. Un was genau solle mer? Mir solles typologisch unnersuuche! Un dadebei is des noch nedemol alles. Der Herr, der wo mit uns in Kontakt gedrede is der hat auch selwer e erfunnene Schbraach aagebracht, die hodder von seinem Obba. Oder wademal s wa de Ongel oder wademal de Grosongel

Isch bin kei Redner

Awwer mir isdes en Aaliische. Wemmer nämlisch emol
Emol sisch vor Aache fiehre dud was mir schon all
gemacht hawwe dan isdes isdes enomm!

Es lieschd awwer noch ebbes aa un des is das isch noch sach was Sach is gelle hähähä gelle

Die erfunnene Schbraache die sin dies Joa groß rauskomme innerem Buch vom Clemens Setz wo der Audor sisch annix mehr erfreue kann un aus beide Aache nix mehr seje dud und da winschder sisch es kennt nochemol alles von vorn losgeje. Un wie des de Sabbir un de Worf geglaubt hawwe geht des middere Schbraache-Erfinnung. Mer mache die Wodde neu un alles wird besser gelle in dem Stil halt gelle. Einoja. Un de Carsten Setz der zeischd die ganze Schbraache auf, des Wollapük und des Dings – alle. Un sacht die hawwe so rare Wöddä, sehr schpezjell fer alle meeschlische Konzebbde und hald all des eewische Kraamzeusch. Un oft auch eischene Schrifde oddä Zeische. Derf ma ned vergesse. So. Un jetz had so aa Anner von do hinne e Schbraach gemacht die is fer Fraue und die hat eischen Wöddä fer alles was mim Menstruationsblut zu schaffe hadd. Des sin so Details und so Beispiele gell. Eischen Schrifd und hoochspezjalisierde Lexigg. Dademit greift de Carsten Seck uff was mer im Innerned ewwe aach finne dud und halt aach in all dene Blockbuster un so weidä Ihr wissts ja eh.

Wemma jetz awwer hergeht unsisch emol aaguggt was die inde Koloniallinkuistik so glaubt hawwe dann muss mer doch innehalde. Gud. Gud. Der Clemens Speck der tut eh e annere Geschischt verzälle. Awwer jed Formm von de halbweschs aktuell populäre Kunstschbraache sin ja so und die Narrative dadezu auch: komische seldene Wödda unnen Alfabeet desses insisch hat odä des aussieht wie ausm Orient. Un die ganze Linguiste die wo sisch jetztemol als Beischpiel mit Afrigga befasse tate in de Kolonialzeit und die iwwer Kammeruun und iwwer Siidwescht und wasweissisch gefoscht und geschriwwe ham die ham alsfort so Sache behaupt wie dassde primitive Mensch de Eingeborene unsoweidä net abstraggt tät denke könne. Dassder immä un immä sei spezielle Wöddä tät brauche un Forme weiler sisch sonst net die Welt tät erkläre könne. Des hamdi bei jedä – jedä – Geleeschenheit verzällt un dene Leut vorgegauchelt.

So en Stuss. Un dann noch e paa Schrifde un Alfabeede und batsch: da hasden Kerngebiet der friehe koloniale Schbraachfoschung. Die ham iwwer Ideophone und die Klassen im Ful midderer Kuhklasse dadebei und dann die Töne und all den Zerkes da ihrn Schmonses verfasst und so isses gewese. Und heit glaawe di Leut des wär fremd, exoddisch und enorm. Awwer isses nedd. Nur weil des jetz im Inderned is odä bei dem klure Audor da geschriwwe schdehd is des noch lang ned gut.

Die erfunnene Schbraache liewe Freundinne un Freunde, des sinn all Chronotope. Die zu erfinne und zu benutze und zu inszeniere erfoddät e beschdimmdes Zeitgefiehl. Un des is en Zeitgefiel des in de Kolonialismus verweise dud oddä da direkt hingehöre dud. Es sin inde Reschel Schbraache mit aklutlnierende Schdrugduure, langweilische Satzbaude un e bissje Exotigg inde Pragmaadig, so e bissje Tabu un Meidung. Indigen, primmidiif, undäentwiggelt, authentisch unsoweidä.

Isch bin kei Redner

Awwer eins du isch Eusch saache. Diese Fomm de Schbraacherfinnung des is kaa Fottschridd un kaa Dings des issen Rickschridd, un zwaa inneren Kolonialismus un Orientalismus.

Schbannend isses jetz wo diesä diesä Herr eidugott wie hiesen der diesä Herr Walser rischtisch Walser hat der geheiße: Olaf Walsä. Wo der jetz ins Schbiel kommt da werds schbannend. Der hat seim Urobba sei Schbraach dabeigehabt unse mir gezeischt. Zuäst wie mers kennt e Lisde mit dem iblische Zeusch: Wöddä. Bei dem warns Geriische. Isch zidiire:

Schau »Fisch« – des wars nomaalschde

Kurr »Räuschäschdäābsche«

Tihu »aal Felljagge«

Scher »Pipiflegge annere Hoos«
Lämm »Siisbrabbes«
Watsch »Bier uffem Bodde«
Peet »schleescht Supp«
Keetsch »aagebrannt schleescht Supp«
Engir »Ameise im Anorak«
Kot »Erdnussflips«
Engeet »beim Pommerenke«, des war e Imbissstubb
Putsch »aal Gelersch«
Jung »dreggisch aal Gelersch«
Dann hadder noch e paa Sätzjä gehabt:
Maads ria – des haddä Ongel immä zum Gruße gesagt.
Yinuut e riyi yoome? »Ei Gude wie?«
Koori pipin! »Ei setz disch doch«

Na, dämmäts, Genosse un Genossinne? Eebe! Isch habbem en Buch iwwers Luwo empfohle unnem gesacht: Bub, die Schbraach is ned erfunne, die gibts. Die is des Luwo un da hasde Lideraduur dadezu schause emol an. Un warum meint Ihr hadder des ned selbst gemäggt? Weil die Kunschdschbraache all so exoddinierend sin un sisch die Erfinner un Afisionados bei dene afrikanische Schbraache bediene un die aale aldaldvoddere Afrigalinguisde zidiere dun.

Was e Schand. Und desweesche: lang lebs Forum Linguistenfantäsy für die kriddische also des kriddische Aufarbeide der erfunnene Schbraache weltweit. Hoch die Tasse!

So gell
Einoja
So jaja
Gehweider

V
Die Kamelhalsfliege

Wann hat er damit begonnen, sich zu fragen, zu zweifeln. Nicht mehr zu glauben, zu befürworten, zu denken, ja, so wird es wohl richtig sein. Er wusste es nicht, aber es lief schon eine Weile nicht mehr. Er sagte niemandem etwas, aber war sich sicher, dass es auffiel. Die Frau am Kiosk sah ihn bereits sonderbar an, das war ihm klar. Er runzelte die Stirn und fuhr sich mit der Rechten über das Gesicht. Stöhnte müde. Schaute aus dem Fenster. Auf dem Plakat an der Kreuzung sah er sich lächeln. Er trug seinen Schlafanzug, hatte das Haar verwuschelt und lächelte verführerisch. Nur einer unter vielen Experten, Linguisten und Historikern, die in der Vorweihnachtszeit um Spenden warben. Aber er stach hervor, hingeräkelt auf dem feinen Satinbett. Der Text neben dem Bild warb um Gaben, erklärte, wie immer, dass Solidarität notwendig sei, jetzt, wo sie doch senil würden. Sie alle erst alterten, dann vergreisten und dann erst starben. Das Werbeplakat versprach jedes Jahr ein neu erfundenes Idiom zum Ausgleich, wenn nur genug Spenden zusammenkämen. Ansonsten weiterhin vegetieren mit der Altersschwäche, dem Schluckauf bis zum Tod, dem jahrelangen Vergessen. Olaf Walser war ein vertrauenerweckender Mensch, dem man spendete und an den man glaubte.

Er hatte die Weihnachtsferien zu Hause verbracht und sich von Gummibärchen ernährt. In den zwei Stunden, in welchen die Sonne über den Horizont stieg und die Ebene mit trübem Licht füllte, saß er auf dem Balkon, trug einen Frotteemantel und trank Tee. Dann ging er wieder hinein, zündete das Licht in der Küche an und schüttelte den Kopf. Ging rüber in die Stube, setzte sich auf das Sofa und setzte seine Gleitsichtbrille auf. In einer der Grammatiken, die er zunächst wie die anderen Grammatiken auch lustlos und mit wenig Interesse las, stieß er auf eine Sprachprobe, einen

Text von einer halben Seite, der etwas in ihm zum Klingen brachte. Ein diffuser Ton, ein Scheppern – kein Klang von Klarheit. Walser presste die Fingerkuppen an seine Schläfen. Was. Was. Da war etwas, das tief in ihm saß, versteckt und verborgen in einer Tasche, das vor langer Zeit wie ein Messer in das Fleisch seiner Seele geschnitten hatte. Tief. Vor sehr langer Zeit. Das Narbengewebe war zur Ziernaht verwachsen, das Blut floss nicht mehr. Aber er fühlte den Schmerz wie eine ferne Erinnerung noch immer, so wie man eine amputierte Hand spürt.

Walser tastete seine Hände ab. Nichts. Er hatte sich nie etwas gebrochen, verbrüht, verletzt. Da war nichts, das wusste er. Dennoch, Hand. Hand Hand Hand Hand Hand Hand Hand Hand Hand. Da war etwas, da *war etwas.*
Er griff in den kleinen bunt bedruckten Plastikbeutel. Kein Tier mehr mit weißem Bauch. Das war schade, denn das waren die besten. Stattdessen nur noch Bärchen, gelbgrüne Krokodile, rote Schlangen, weißrotweiße Schuhschnäbel, gelbe Schnuller und rote und grüne Teufel mit gelben Köpfchen. Die Teufel schmeckten ihm am wenigsten, also aß er die zuerst. Die Tiere legte er beiseite und ordnete sie zu einem weichen Tableau auf der Sofalehne an. Ein Bestiarium, das er später kauend auslöschen würde.

Hand.

Verteufelt.

Teufel gottseidank jetzt alle aufgegessen.

Hand.

Hand Hand.

Gib dem Onkel die Hand. Er gab ihm seine nicht. Es fehlten zwei Finger; alte Männer, immer versehrt. Erschrecken verbergen. Die drei Finger hielten die Flitsch, das rote Gummiband spannte, das Steinchen traf eine rostgelbe Konservenbüchse. Die Oma hat gesagt, gib dem Onkel die Hand, und dann hat sie noch gesagt, gute Ideen kommen immer, wenn man sprachlos ist. Wenn man sprachlos ist, ist das Denken am besten. Wenn man nicht sagen kann, was man denkt, ist man am besten mit den Einfällen. Gell, Olaf. Gib dem Onkel die Hand. Zwei Finger fehlten.

Walser fühlte Übelkeit in sich aufsteigen, als er zu verstehen begann, dass die Stimme noch weitergesprochen hatte. Die Oma hat da doch noch etwas gesagt. Hat weitergeredet. Geschrien hat die Oma. Gekrischen hat sie. Wenn wenigstens noch Tiere mit weißem Bauch da wären. Wäre besser jetzt und auch weicher. Aber so fiel er hart auf den Boden seiner Erinnerungen. Krachte auf die staubigen Dielen und spürte das Pulsieren. Der Onkel hatte an jenem fernen Nachmittag, unter der orange gestreiften Markise am Kaffeetisch, etwas gesagt. Hatte ein letztes Mal gesprochen, nicht in der Pipini-Sprache, sondern so wie früher alle. Hatte einen Brief da liegen da neben dem Kuchenteller und hatte gesagt, dass da eine Leibesfrucht im Süden sei von ihm, was nicht sein könne, denn der Onkel war keusch und ein Pfaffe. Walser spürte die schwüle Wärme jenes Nachmittags und das eisige Schweigen der Familie rund um Schwarzwälder Kirsch und Kaffee. Aber der Onkel beharrte auf dem Gesagten und gab nicht nach. Die Oma muss wohl sehr plötzlich aufgesprungen sein. Es muss alles sehr abrupt passiert sein. Aufgesprungen war sie und zeigte auf den Onkel, zielte mit dickem Finger. Und krisch. Er habe keine Leibesfrucht zu haben, es gebe niemanden, dürfe niemanden geben. Das seien alles Lügen, alles Täuschungen, eine Fata Morgana in der Schwüle. Niemand sei nirgendwo, im Süden schon gar nicht. Brief in den Papierkorb los los ab ab. Weg dademit. Weg mit dem Schmutz. Keine Leibesfrucht, kein Süden, keine verkehrten Ansprüche. Der Besitz gehe an sie und die Ihren und Schluss. Und mit dem Schluss hieb sie donnernd auf den Tisch und stampfte mit dem Fuß. Die Erschütterung durch die großmütterliche Wut war so groß, dass sie den wie stets neben dem Onkel platzierten Atzmann zum Wanken und zum Kippen brachte. Er fiel neben dem sitzenden Onkel nach vorn auf die Betonplatten der Terrasse. Als man ihn nach einer Walser damals endlos scheinenden

Sekunde des Schreckens und der Stille wieder aufzurichten versuchte, hatte Walser gesehen, dass die Hände zerbrochen waren.

Die Hände zerbrochen.

Aber ja!

Walser legte Erinnerung um Erinnerung frei. Man hatte den Atzmann in eine alte Decke gewickelt und die Bruchstücke aufgelesen. Abends, vor dem Gewitter, waren sie aufgebrochen und nach Frankfurt gefahren. Sie legten ihn unter einer losen Spolie unter dem Fußboden der Leonhardskirche ab.

Leonhardskirchen sind Kettenkirchen, schoss es Walser durch den Kopf. Eisenketten um die Kirchen, Eisenbänder um das Herz.

Gleich nach den Weihnachtsferien nahm er sich frei, um den Dingen ein für alle Mal auf den Grund zu gehen. Der Onkel war schon lange nicht mehr, und die gute Frau Salomon, die ihm so getreu den Haushalt geführt hatte, war auch längst dahingegangen. Den Sohn aber gab es noch. Er mochte mehr gehört haben als Walser und ihm helfen können.

Walser lief durch die ausgedehnte Ebene des Rieds. Es war ein sonniger Tag. Er genoss das unbeschwerte Gehen, bevor der Weg langsam anstieg und er hinauf in den Odenwald gelangte. Am Himmel in der Ferne kündigten Zirren einen Wetterwechsel an.

Der Ort war bald erreicht. Der Sohn von der Frau Salomon stand in seinem Heizung-Sanitär-Betrieb und ordnete eine Charge Muffen in das dafür vorgesehene Regal ein.

Walser trat ein und erklärte sich. Wer er war, sein Anliegen, seine Erinnerungen, den Onkel. Sein Gegenüber hörte zu und nickte bedächtig. Er wusste etwas. Sagte »koori pipin« und wies auf den Hocker neben der Tür. Walser setzte sich. Der Onkel, erfuhr er, habe in Wau einen Hausmeister gehabt, der aber vor allem dafür zuständig gewesen sei, das dortige Haus des Onkels Tag und Nacht zu bewachen. Dieser Hausmeister und Wächter sei gebürtig aus Bo gewesen. Bo bedeute eigentlich »Banane«, sei aber auch der Name einer Ortschaft. Ob sich Walser darüber im Klaren sei. Eines Tages sei der Onkel an den Hausmeister und Wächter herangetreten. Der Onkel habe dabei gehetzt gewirkt, habe es eilig gehabt. Habe gesagt: Du, hier ist ein kleines Kind. Ein Baby, ein Mädchen. Es heißt Sophia. Wir müssen hier jetzt fort, aber das Kind kann nicht mit. Dem Hausmeister und Wächter aus Bo sei dort in Wau sofort klar gewesen, dass der Onkel wohl eine illegitime Beziehung zu einer der Nonnen in der Missionsstation unterhalten habe, der dann dieses Kind entsprungen sei, und zwar als eine Leibesfrucht. Der Onkel sagte, falls er zurückkehre, werde er das Kind wieder zu sich nehmen. Falls ihm dies aber nicht vergönnt sei, so gehöre das Kind dem Hausmeister und Wächter. Dieser nickte und nahm das Kind zu sich und brachte es in sein Dorf. Dort aber war das Klima nicht gut für die helle Haut des Kindes, die sich ob der Stiche der Mücken rötete. So kam das Kind nach Wau zurück und blieb nach einigen Schicksalswirrungen bei einer guten Frau, die es aufzog, bis es erwachsen war. Die zur jungen Frau herangereifte Sophia heiratete einen älteren Mann, der ihr aber kein Glück brachte. Da die Ehe kinderlos blieb, ließ sie sich scheiden und ging nach Juba. Dort eröffnete sie eine Bierkneipe. Nach einiger Zeit gehörte ihr ein gut gehendes Bordell mit Ausschank. Sie wurde reich, dann alt, bedachte in ihrem Testament die Frauen, die für sie gearbeitet hatten, mit all ihrem Vermögen und starb. Ob aber Walser einmal sehen wolle, was er, der Herr Salomon, derweil gemacht habe? Er, der Herr Salomon, habe nämlich einen Diskurs gebaut.

Walser lief hinter dem jungen Herrn Salomon her, vorbei an Schubladenregalen voller Schräubchen und Dichtungsringe. Im Hof hinter dem Ladengeschäft stand eine aus grauem Rohr gebaute Apparatur von einiger Größe. Die weich gebogenen Rohre wanden sich ineinander, an manchen Stellen von Muffen gehalten, einander unter- und überquerend, bis man nicht mehr wusste, was Anfang und was

Gang durchs Ried
An de Bee Vierunverzisch
Nyoge tschang nyoge oodo

Ende war. Ein Glucksen umgab den Apparat. Walser spürte, wie seine Beine nachgaben. Nur nicht vornüberkippen, nur nicht die Hände abbrechen, ging es ihm noch durch den Kopf. Der Herr Salomon sah ihn erwartungsvoll an. Sagte: »Na«, sagte: »Na, was sagste jetzt«. Walser versuchte sich vom Gummi in den Knien abzulenken, indem er die Meter an verbrauchtem hellgrauen Rohr überschlug, die Arbeitszeit, die Zahl der Muffen. Den Rhythmus des Glucksens. Sah die Öffnung im Diskurs knapp über dem Boden, sah, wie das Rohr dort offen war. Sah, wie aus dem hellgrauen Rohr eine Kamelhalsfliege kam.

Dachte noch, die Sprachen sind noch nicht fertig. All die Worte für rare Bedeutungen, aber keines für Kamelhalsfliege, Venustoraphidia nigricollis.

Dann brach er zusammen.

VI
Die Einrichtung

Um sechs Uhr werden die Patienten geweckt. Ihr Tag beginnt mit der kleinen Wäsche und dem Ankleiden. Danach wird das Frühstück aufgetragen. Diejenigen Patienten, die nicht zu nervös oder unruhig sind, erhalten Kaffee, wie sie es von zu Hause gewöhnt sind. Die anderen Patienten trinken Kakao oder Kräutertee. Nachdem das Frühstück abgetragen ist, werden die Tische gewaschen.

Den Vormittag verbringen die Patienten mit leichten Arbeiten. Einige gehen hinaus und pflegen die Gemüsebeete hinter dem Hauptgebäude. Sie ziehen dort Bohnen, Tomaten, Paprika, Lauch und Gelbwurz, die später in der Küche der Einrichtung auch verwertet werden. Zu ihren Arbeiten gehören das Jäten, Wässern und Hackeln der Beete sowie die Pflege des Komposts. Andere Patienten beschäftigen sich mit der Reinhaltung der Wege um die Einrichtung herum und der Flure im Gebäude selbst.

Um zwölf Uhr wird zu Mittag gegessen. Die Patienten erhalten eine Vorsuppe, einen Hauptgang mit Gemüsebeilagen und grünem Salat, hinterher einen Nachtisch. Zum Essen trinken sie Sprudel. Geistige Getränke sind nicht vorgesehen. Nachdem alle Speisen und Gedecke abgetragen sind, werden die Tische gewaschen.

Nach dem Essen dürfen die Patienten eine Stunde ruhen. Einige von ihnen bevorzugen eine regelrechte Bettruhe, während andere sich in die großzügig in den Aufenthaltsräumen und Fluren stehenden Sessel begeben und dort lesen.

Am Nachmittag nach der Mittagspause darf spazieren gegangen werden.

Am späten Nachmittag werden leichte Arbeiten verrichtet. Die Patienten kleben dann Tüten oder modelieren Schabmadonnen. Für ihre Tätigkeiten erhalten sie ein Taschengeld, von dem sie sich Tabakwaren, Schokolade und Zeitschriften kaufen können.

Nach der Arbeit machen sich die Patienten frisch.

Um sechs Uhr wird Abendbrot gegessen. Dazu trinken die Patienten Kräutertee.

Nachdem das Abendbrot abgetragen ist, werden die Tische gewaschen.

Am Abend dürfen die Patienten im Gemeinschaftsraum Karten spielen und Fernsehen schauen. In den Aufenthaltsräumen wird gelesen und Radio gehört.

Um zehn ist Nachtruhe. In jedem Schlafsaal wacht eine Pflegerin.

Die Einrichtung steht auf einem Hügel inmitten von Wiesen. Neben dem Hauptgebäude stehen einige schöne alte Rosskastanien. Hinter dem Hauptgebäude befinden sich ein Verwaltungsgebäude mit drei Zimmern, eine Werkstatt, ein Gewächshaus, die Garage und die Kapelle. Die Einrichtung wird auf einem schmalen, sich von der kleinen Stadt im Tal nach oben windenden Weg erreicht. Der Spaziergang dorthin ist reizvoll und gesund. Die Patienten genießen die Ausblicke und auch die Eindrücke der langen

Der schöne Wald
Wo se erumlaafe
Einoja

Geschichte, in welche sie eingebettet sind. Schön ausgeschilderte Lehrpfade und ein Philosophenweg sind Teil des gut gepflegten Wegenetzes, das bei jedem Wetter zu Gängen einlädt.

Dazu kommt der Reichtum der Natur, welcher die Heilung auch der problematischsten Fälle noch befördert. Die umliegende Landschaft zeichnet sich durch ihre ausgedehnten grünen, im Winter braunen Wälder aus. Unsere Luft ist daher von ausgezeichneter Qualität. Auch ist die ganze Gegend in eine zauberische Ruhe gebettet, die den Nerven der Patienten eine Wohltat ist.

Die Patienten haben alle, soweit sie länger als ein halbes Jahr in der Einrichtung verbleiben müssen, einen gesetzlichen Vormund. Dieser besucht die Einrichtung nach vorheriger Anmeldung.

Herr Olaf Walser ist seit vierzehn Monaten in der Einrichtung und hat sich noch nicht vollständig eingewöhnt. Er erhält derzeit streng basische Kost, da sein Magen stark verklebt ist. Er nimmt freundlich und geduldig alles an. Bisher hat er zudem weder nach geistigen Getränken noch nach Gummibärchen gefragt, was wir ausgesprochen positiv bewerten. Der Patient wird in der Dunkelheit unruhig und schläft wenig. Er hegt eine auffällige Aversion gegen seinen Schlafanzug. An den Arbeiten nimmt er willig teil und erledigt alles, was ihm aufgetragen wird, sorgsam und gewissenhaft. Er scheint besonderen Gefallen am Tütenkleben gefunden zu haben, welche die Patienten noch mit Kochkäs kleben, der Olaf Walser gut gefällt.

Mit den anderen Patienten spricht er während der Arbeitsstunden nicht. Auch bei Tisch verhält er sich nahezu abweisend und verweigert fast alle Gespräche. Er geht selten aus.

In der Gesprächstherapie besteht Olaf Walser weiterhin darauf, dass die Pipini-Sprache nicht erfunden ist und lediglich mit falschem Namen bezeichnet sei. Auf sanft und vorsichtig vorgebrachte Einwände reagiert er hysterisch.

Der Patient bestreitet die Existenz jedweder Sprachsenilität. Er bringt lautstark Argumente vor, mit denen er die Therapeutin überzeugen will, dass es vielmehr um Patriarchat und Plünderung gehe. Ferner verkündet er fast schreiend, dass er es beweisen werde und dass seine Plakate schon noch brennen würden, man werde schon sehen. Er wird sehr böse, wenn jemand ihn korrigiert, und schreit dann durchdringend. Behauptet, es habe eine Zeit vor dieser gegeben. Versucht, erfundene Quellen zu zitieren.

An warmen, insbesondere an schwülen Tagen regt sich der Patient besonders schnell auf. Versuche einer Bewegungstherapie schlagen bislang noch fehl. Bei den ersten begleiteten Spaziergängen konzentrierte er sich ausschließlich auf Kramzeug, das seitlich des Weges lag. Als er im Spätsommer, nach bereits zehn Monaten in der Einrichtung, bei einem Spaziergang einen zerbrochenen Bembel entdeckte, brach er weinend zusammen.

Im Therapiegespräch wiederholte er stundenlang die Worte: »Das war doch ein Bembel, das war doch ein Bembel.«

Jedweder Versuch der Ablenkung des Patienten von seinem Wahn, insbesondere in Form eines Fernsehabends, schlägt fehl.

Solange der Patient die Realität verweigert und sich gegen die Gesellschaft richten will, ist er in Gewahrsam zu halten. Mit seiner baldigen Entlassung ist nicht zu rechnen.

VII
Die Telefonzelle

Du hast mir die Satinwäsche geschenkt. Die hab ich von dir. Wegen dir bin ich ewig aus dem Bett geglitten. Sie sagen, ich hab Schlafstörungen.

Doch.

Sucht nicht nach mir.

Ich bin fort.

Der Bembel
Einoja
Enguu

Vorgestern bin ich hier eingetroffen. Die Reise ist beschwerlich. Es ist kalt.

Wir haben uns seit Tagen nur noch von Kochkäs ernährt. Der Busch war kaum zu bewältigen, überall dichte Dornenhecken, unpassierbarer Morast, Unterholz und gestürzte Baumriesen. Zwischen den dunklen Bäumen eine Lichtung, auf der wir kalkweiße Antilopen gesehen haben. Es war ein unwirklicher Moment, den ich nie vergessen werde.

Außer Kochkäs haben wir nichts mehr gehabt.

Unsere Schuhe waren schlammverkrustet, kiloschwer der Lehm an den Sohlen. Jeder Schritt eine Qual. Die Kleider faulten vom Leib.

In der Nähe einer alten Mauer, die kaum mehr zu erkennen war, haben wir die Stelle gefunden. Wir haben dort gegraben.

Es war nichts von Wert da. Die Schatulle war bis auf ein kleines Buch leer.

Es blieb uns nichts übrig, als hierher zu kommen. Den letzten Kochkäs unter uns aufzuteilen und dann bis hierher. Das Buch trockne ich auf dem Heizkörper. Es war feucht geworden in der Schatulle. Wir wissen nicht, wie lang es da drin lag und seit wann es da vergraben war. Wer weiß, was da drinsteht.

Ich komme nicht zurück.

Scheißsatin.

Ich leg jetzt auf.

VIII
Die Erinnerungen

SARRACENISCH MEMORIAL
Historica des Wilhelm Tolmetsch

Angefangen durch Wilhelm Tolmetsch im Jahr 1617 auf Martini Episcopi. Von Offenthal bürtig, da ich nach Erbach und dann ufm Breuberg kommen als Diener des wohlgebornen Grafen und gnädigen Herrn, Herrn Georg Albrecht, Grafen zu Erbach und Herrn zu Breuberg und Schönberg. Den 13. Mai uf dem wilden Meer captiviert und in die Barbarei geführet worden. Zu Gerbi im Land Tunis mit starkem Gemüth und wahrer Gedult erwartend, meinen Rückweg wieder zu nehmen.

* * *

Was in folgenten Memoriae verzeichnet, hab ich darumb beschrieben, daß man es einst lese. Auch hab ich mir die lange Zeit vertreiben mögen, wo ich fern von Offenthal verschmachten tat. War hierum gar ein dankbar Mann geworden, der gelehret worden. Man hat ja etliche Jahr allhier Schul des Lebens gehalten, daß Leut wie ich sich bilden mögen. So hab ich geübet und erlernet die mannigfaltig Scripturen und Sprachen aus allen Teilen der Welt. Malen, Gebäue machen und gantze Länder gründen und Ferntheater spieln. Es ist auch selbigen Ortes die Kunde von jubilaei und Dichterei erkläret worden. Also zweimal eine Fliege geschlagen; geschrieben und gelernt.

Anno 1617

Ein Weißkrämer, genannt wie weiß ich nicht, erzählet meinem wohlgebornen Grafen und gnädigen Herrn was für ein fruchtbar Land in Maltha liege. Hiemit stimmet auch der von den andern gemachte Bericht zusammen. Hievon gelangte unsere Reiscompagnie zum Entschluß die Eigenthümlichkeiten Malthas tatsächlich zu visitieren und nach Anlangen zu Sicilia trafen die gnädigen Herrn alle hiezu dienlichen Vorbereitungen und hießen mich die Eigenthümlichkeiten meines wohlgebornen Grafen auf ein Schiff zu tragen. So getan hießen sie mich und den Hofmann die Ausfahrt daselbst zu Wasser erwarten. Die selbe Nacht segelten wir nicht zu wissen welch leidigen Zuständ uns erwarten. In Maltha einen Stern mit langem Schweif gesehen, den auch die andern Dienstleut gesehn. Ging ganz über den Himmel und verschwand auch am Morgen nicht bis zum Mittage. Mittlerweil mein wohlgeborn Grafen ein arges Leibweh geplagt, hierüber mit Pampelfrucht angefangen zu tractieren. Die Ursach diesen Leids aber wohl Verschmerzung von Kochkäs und ungeachtet der wilden Wasser losfahren lassen wollen bis Sizilia und nach Breuberg. In Maltha und auch allen Ländern unserer Reise kein Kochkäs zu bekommen. Hienach auf das Meer wieder hienaus und in große Bedrängniß kommen und nass worden. Saracen navis uns umkreiset und nicht wieder fortgefahren bis wir all sicher und getrocknet errettet worden von den Wassern. Wozu sie unserthalben ausdrücklich Sturm und Wetter ausgehalten, welche uns schon ganz von Sicilien und Maltha und auch dem Breuberg fortgebracht. Hierüber der bemelte Hofmann begonnen zu danken und zu loben und gefragt, welch Hafen uns Arme gnädig beherbergen solle. Darauf unser Patron gesagt nach Tunis und den Hoffman sehr erfreut. Hierauf dies zu hören meinen wohlgebornen Grafen großen Schmerz ergriffen, will hin zu seinem bemelten Kochkäs und nicht nach Tunis. So kam ein großer Furor auf ihn und erstach den Hofmann und auch warf er mich ins Wasser so daß ich gleich noch einmal ertruncken wär, jedoch ward ich von sarracenisch Seeleut gerrettet und erneut getrocknet. Dermaßen Verwirrung zwischen allen Menschen daß meinem wohlgebornen Grafen und den andern bemelten wohlgebornen Herrn Fesseln um

Leib, Händ und Beine gemacht worden. In Tunis sind sie so geblieben und haben arg geschmachtet. Sehr kläglich in ein Gefängniß getan welches in Gerbi. Drei Nächte einen Haufen Sterne fliegen sehn, welche rasch sehr verloschen. Daselbst zu Gerbi vielmals täglich Wunderrufen gehört, wovon auch die anderen Gefangenen Zeugen worden. Meinem wohlgebornen Grafen erklang dieß als die bekannten Rufe der Kochkäshändler, war aber nicht dergleichen sonder der Ruf zum Gottesdienst bei den Sarraceni. Meinem wohlgebornen Grafen der gute alte König Soliman ein Papier und Feder erlaubet und ihn schreiben lassen einen Brief mit Bittschrift an die ehrwürdigen gestrengen S. Johannis Ordens Ritter Deutscher Nation in Maltha. Nach Prügeln und Ketten sind mein wohlgeborner Herr in trostloser Lage und bittet die Herren auf Maltha 25000 Ducaten auf uns zu geben und für Kochkäs. Hienach mir eröffnet daß ich selbst jedoch gänzlich allhie bleiben müsse, da man mich für ertrunken hielte. Ich soll als Sclave nach des Soliman Haus. In seiner Notlage will mein wohlgeborner Herr zu solch unmenschlichem Verkauf gerne schreiten. Erwarte mit starkem Gemüt mein Schicksal.

Anno 1618

Ich, Wilhelm Tolmetsch, habe dieses ganze 1618. Jahr hindurch notiret was mir in meiner Captivierung eindrücklich begegnet. Den 10. Januaris abends ein unerhört Donner am Himmel gehört und schröcklich gesehen worden. Den 15. Januaris ein unerhört Ungewitter gewesen des Morgens welches zum Fenster hineingekommen. Uff den 28 Januarii plötzliches Sternleuchten in der Nacht nach 12. Aufm 2. Februari wieder starkes Sternleuchten. Am 3. Februari Heimkehr des bemelten wohlgebornen Grafen nach Breuberg. Hat 27500 Gulden bekommen und einmal dazu 1000 Goldkronen für den Verkauf des Dieners Tolmetsch der in der Heimat für Vertrunken erkläret und davon die Passasch erster Klasse bezahlet. Dieselbe Nacht plötzlich Sterneflug und Leuchten. Unerhörter Donner, dergleichen niemals gedacht. Später mir der korsarisch Kerkerknecht gesaget dies seien alles missilia und kostbare Feuerwerke aus Asia gewesen, welche der König die Abreise festlich zu begehen meinem gnädigen Fürst demonstriret. Inzwischen in unseres gnädigen Königs Mostaff Gefängniß gebracht wo ich der einzige aus Offenthal seitdem geweß. Darumb auch sogleich mit der Erlangung der Kenntniß sonder Sprachen der andern Leut dort angefangen. Da machte ich ein große Karten darauf markiert ich alle von ihnen nach Herkunft und nach Art ihrer Gestalt. War ein reiches Bild zu erhoffen, so billig zu nennen mein Bild eine Karte der Sprachen: Sprachenkarte. Sind allhie Leut aus Kariouae, Korofa, Nubia und Segseg und vielen andern Reichen und sprechen viele Idiome. Sind manche gleich der arabischen Sprach, andere nicht. Verursachet eine Teilung in solche mit initialer mutatio und solche mit finaler substitutio und wieder ander von aequalitas and beider Seit. Hiebei auch solche von Tonschönklang zu nennen und solche aus der Wüstenei mit ihrer Trockenheit welche die Kehlen zudörret. Zu Ende dieß Jahres ein Atlant der Sprachen und Idioma von Africa gemachet mit 135 Listen und der großen bemelten Karte. Decembris gute Luft bekommen. Ein schröcklich Komete mit langem Schweif gesehen.

Anno 1619

Nachdeme zu Anfang dieß Jahres ein weiter schröcklich Unwetter geschah und viel Gewitter und Kält allhier die Lande endlich erblühet. Hat der Mattheiß zwar viel Eis gefunden, aber doch nach alter Bauernregel nach nicht gebrochen, sondern hat die Kält gewähret bis zu Ausgang des Martii, da sie vergangen. Den 1. Aprilis nach draußen gekommen, die Lande zu cultiviren. Ihro Fürstlichen Gnaden beschäftiget wohl hundert Fahnen bei dieser Arbeit doch niemand unter ihnen weiß Genaues von den Brunnen, wie man sie bohrt, gebraucht, &c. Zur Hälfte dieses Monats ist sehr große Not gefallen, und Feuerzeichen in runder Form fortlaufend gesehen. Gegründet eine Organisatio den Leut die Brunnen zu machen. Auf ein Haufe Stroh gestanden und alles erkläret. Alle Landstrich nun entwickelet und große Dankbarkeiten der armen Leut. Nun können sie ihr Rindvieh gut tränken und künftig Kochkäs haben. Hocherleuchteten Stern im Westen gesehen, jedoch hoch am Himmel und dem wohlgebornen Fürsten allhier angezeiget.

Anno 1620

Dies ein elend Jahr gewesen ohne Projekte. Januari der erste bemelte Kochkäs da, aber dem wohlgebornen Fürsten allhier nicht geschmecket. Da die Rindviecher all nach Breuberg verkaufet und mich in ein Kerkerzimmer allein eingesperret. Erschröckliche Cometen und eine Horde nachts über den Himmel reiten sehn. In jämmerlichem Zustande lange Weile verspüret. Wenn die Leut allhie Kochkäs nicht verzehren mögen und allenthalben sogar verschmähen, so muß ein Sinn dahinter sein. Sind allesamt sehr reich und gesegnet mit viel und feinen Kleidern, besonders bemelte Leut in der Wüstenei zu wohnen belieben. So will ich ob meiner Heimkehr nach Offenthal das hier Erlernte einmal einsetzen und ein Projekt machen, dort eine schöne Wüstenei zu bauen mit viel Fels und Stein.

Anno 1621

Zu Januarii ein Brief aus Breuberg hier eingetroffen. Mein armes Weib bedauert mein Vertrinken und daß nun der Witwenstand sie ereilt alldieweil ich allhie verschmachte. Ich aber hoffe mit starker Zuversicht auf meine gute Heimkehr und mache Projekte für die Heimath. Avo und Prother erwarten mich noch und viel Arbeit zu tun. Im Februari hat das ausgeloffenen Wasser viel überschwemmt und als das

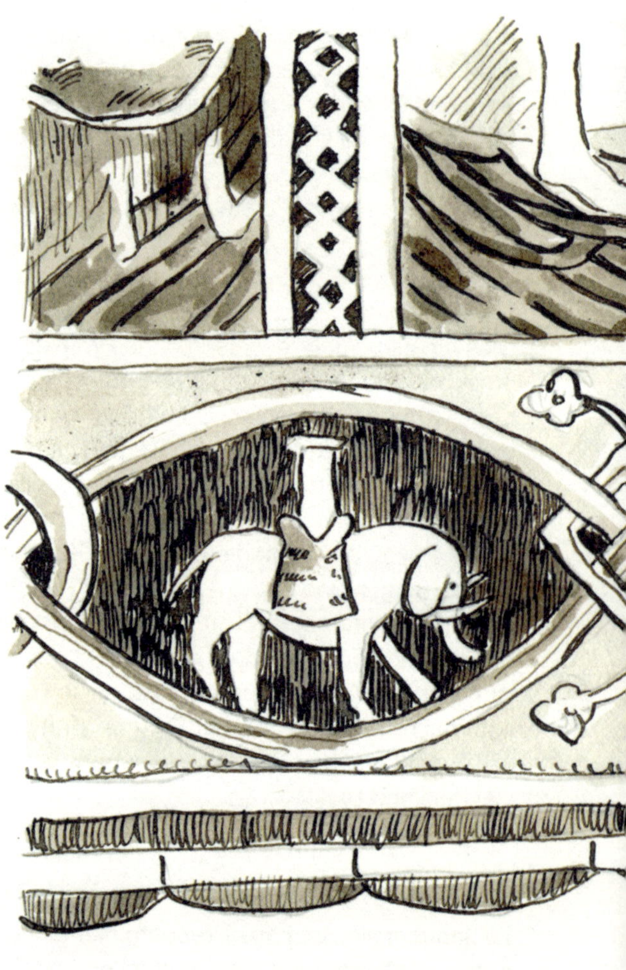

Wasser weggangen, haben die Mäuse die allda in großer Meng beinander waren große Schaden an Frucht und Korn getan. Die heilige Kakubilla angerufen. Den 18. April gesehen worden am Himmel zwei Sonnen. In der Stadt danach die Urschlechten gewesen. Olifanten warden daher auch billig verkauft, weil dieß Jahr kein Futter gemacht werden konnte und sie die Dächer zerrissen und viel Bäume und Wälder umgeworfen. Project gemacht, ein oder zwo wohlmundirte Olifanten selbst zu kaufen und daheim zu reiten. Auch eine Herde Tigerpferd gedencke ich zu kaufen und zuhauß reiten zu wollen. Noch nicht oft gesehn in Offenthal und Breuberg, und sind ganz viel und zahm im Garten unsers Sultans. Nachts in Monat Julii groß Feuerflammen und ein großer Krach am Himmel. Nach dem die Not überstanden und die Mäuse fortgejagt der Sultan viele schöne Serafen herbeikommen lassen. Sehr große Tiere und nicht bös. Werde Project erdencken, Serafen bei uns im Ried populär zu machen. Seit fünf Monat in dem Gefängniß neben meinem Kerkerzimmer ein edel und ehrenfest fürstlicher Rat verschmachtet. Ihn um etwas Geld gebeten für bemelte Projeckte. Der bemelte edle Rat gestern Nacht nach schlechter Supp obit und ich das ganze Geld werd haben. Neues Project erdacht und nun noch Löwen und Kameele dazu kaufen und ein richtiges Safariland bauen. Dort die Leut herumführen und ihnen Würzelein braten in Schmalz und dazu zweien Tunken eine weiß eine rot. Davon viel Geld einnehmen und auch das Gleiche in der Wüstenei. Im Safariland auch ein schön & wunderlich Gebäu für Fisch und Wasserkroten construiren und die Wasserkroten durch ein brennendes Reiflein hüpfen lassen und auch ein Rundbähnlein bauen und allsofort die gnädigen Herrn einmal im Kreise fahren und lange Weile ergötzlich sich immerfort bewegen. Auch nachgemacht Cometen steigen lassen und künstlich Donner machen. Und die Wüstenei mit Fels und Wundertier und einem Wildbad verzieren und dort laut Musik spielen lassen. In der Wochen vor Andreae schröcklicher Komet mit langem Schweif stand drei Tage und Nächte am Himmel. Eodem haben die Leut die Erde wackeln und donnern gemerkt und mein Bett und Tisch sehr gezittert und sich einmal durch das Zimmer beweget. Anfang Decembris die rote Ruhr über den Ort kommen und ich aber ein Edelstein gefunden in der Supp. Davon erzählt Hüronimus des einen Not des andern Glück. Davon gedencke ich mich später auslösen.

Anno 1622

Am Neuen-Jahrs-Tag ist der Sultan gesegelt auf einem Lustschiff das war voller Gasthäuser. Uff Petri ist er gesund returniret mit einer Reiscompagnie und alle sin worn gemalet auf Bildnisßen und haben auch Moritaten erzählet. Am Hafen glücklich angekommen dann ein schröcklich Wetter und grausamer Sturmwind gangen um vier Uhr nachmittag, daß das Schiff seine Gasthäuser ganz abschüttelt wie ein Baum sein Obst. Vom 11. Februarii bis 17. eiusdem anno 1622 sind commissarii beisammen gewest und tractirt wegen Restauration oder Erweiterung des Schiffs aber alles vertaget. Viele Mäuse schon im Frühjahr und die heilige Kakubilla wieder angerufen. Einen Kasten gefunden aus Holz und restauriert und aufgestellet. Darin ein Meer und ein Schiff aufgebauet und die Bildnisß der edeln Herren und Damen dazu. Eodem vielerlei Darbietung gespielet in dem Kasten und kein Sturm kam. Eodem bemeltes Traumschiff solcher Art gereiset nach dem Reich des Presbüter Johann und dort an Land angetroffen einen Medicus-doctor aus Breuberg, der die Kranken in bemeltem Lande gesund gepflegt und keinen Lohn nimmt und nur von Herzen gibt. Eine Dame auf bemeltem Traumschiff ihm sehr zugetan und nun im Lande Äthiopieae geblieben den Medicus-doctor zu heiraten. Andermal dies Jahrs bemeltes Traumschiff ganz in Süden vor Anker gegangen und dort ein großen Hof mit tausend Kühen alle uff der Weide und noch mehr Hinkel gefunden.

Bemeltes Gut war ganz allein in Besitz eines Bauern aus Offenthal, der das Land allein beherrschte und regierte. Dort Olifanten und Tigerpferde gesehen und gemalet und frohen Sinnes abgereiset. Um Medardi ist nachts ein schröcklich Licht am Himmel gewesen. Ufn 17. Juli achtzehn Sonnen gesehen. Eodem am 4. Sonntag Advents ist das Traumschiff gen Indien gesegelt und hat auf einem Eiland Halt gemacht und bemelte vornehme Herren und Damen den Pfeffer und Gingember gekostet. Auch eine feine Dame dort auf bemeltem Eiland angetroffen die Kindern die Schul hält als eine Hofmeisterin des Sultans alldort. Die Eltern der bemelten Kinder bringen der Dame Dank und der Sultan Gold. Auf bemeltem Traumschiff ein Mann der sie gewinnt und dem sie folgt nach Groß-Umbstadt.

Anno 1623

Diesß Jahr die Zeit langsam gegangen und das Warten ein sehnlich klagend Weinen, Drangsal groß ganz unerhört. Eodem im Januarii den edelfeinen Ratsherren des grundgütigen Sultan Kochkäs zum Kleben von Tüten geraten. Hat nit geklebt und jetzt wieder abgeführet und im Gefängnisß in Qual und Schmerz eingeschlossen. Itzund bin ich eingekerkert in einem Bade. Denn alle neun Gefängnisße allhier darinnen die Christen-Leibeigenen sind heisßen in der Frankenspraache Bagnes oder Basios. Man kennet hier das Bagne Issuff Dei, Bagne Morat Bei, Bagne Patron, Bagne Suleiman, Bagne Sidi Manett, Bagne Bassa, und Bagne Signal. In diesen Bädern seind Leut aus Frankfurt, Aschaffenburg, Geraw, Worms, sogar Wallerstädten. Und aus andern Ländern auch. Sie baden, tun Tüten kleben, machen sich Kochkäs und reden vom Traumschiff, welches meine gute Idee und Erfindung gewesß. Von bemeltem Bagne Signal in welchem ich eingesperret den 15. Februarii einhundert Leibeigene geholt auf dem Ruderschiff zu rudern. Sollen frei wieder werden sobald der Bronn mit neuen

Deicheln gelegt. Die Stadt hat Tore. Geht man hier weg, so zu treten durch Bebelpeter gen Osten, Bebelpaul gen Süden und Bebelmary den Westen. Nach Norden lieget das Meer. Dort sind die Vorstädt allwo abgesondert die Franken wohnen. Man hat da feine und neue Gebäue mit Gärten und Wasserspiel. Die Straßen sind weit und mit Sand schön bestreuet und es spielen Musici zu alljeder Tageszeit zierlich Tänzlein. Auf den Märkten kaufen sich die Franken Limonen. Sie essen sie mit dem Broht. Das Broht in Tunis ist weiß und aus Weizen gemacht und flach. Um Palmarum ein schröcklich Komet ein Stund um Mitternacht am Himmel. Erde gekrachet und gebebet. Die Stadt Tunis hat gar keine Brunnen und auch keine Flüß oder Bäch. Das Wasser ist in Regentrögen wo es gesammelt wird. Es ist aber zu heiß es zu trincken und so musß man es am Abend davor herausnehmen und erst am nächsten Morgen trincken wenn es abgekühlet ist. Um Margarethae ein Himmelfeuer drei Nächt umgegangen und sehr schröcklich gewesen. Wenn in Tunis ein Brunnen gegraben, dann ist er in den Gärten der Fürsten und des Sultans. Dort stehen marmelsteinerne Säulen und schöne Gebäue die Hitz zuzubringen. Allesß mit Blumengärten gezieret und auch viel Rohsen. Um Kiliani schröcklich Kometenschwärme. Leut allhie besonders zierlich gekleidet. Die Frauen wegen der Wärm tun sich mit einem großen Tuche bedecken und darüper noch einesß. Sehr viel verwenden sie auf Räucherwercke und wohlriechende Dinge. Die Stadt Tunis ist sehr volkreich und leben dort Mauren und Türcken und Franken und Grosß-Gerauer und Jüden und Grosß-Umbstädter und Araber und Hausaer. Sind hier auch Leut mit bloßem Kopfe die bahrfüßig umhergehen welche stehts Steine bei sich führen als unsinnige Menschen vom gemeinen Volke als Heilige geachtet und auf der Stadt Kosten unterhalten werden. Es gibt auch Datteln und dergleichen Früchte. In meiner Noth eine Tugend gemacht und begonnen die zierlichen Ansichten aus Tunis auf Kumpfe und Becher zu malen. Gefertiget selbige mit Bildnisßen von Franken und Grosß-

Umbstädtern und Datteln und Gebäuen und dem Bagne Soliman. Darunter geschrieben »Gruß aus der Leibeigenschaft zu Tunis«. Achthundertdreiundfünfzig Kumpfe und Becher bemalet und gut eingewickelt sie zu verkaufen im Safariland wenn ich wieder daheim und meine Projeckte machen tu. Auch kleine weiße Hemdlein besticket mit Prospekten der Stadt und ihrem volkreichen Volk. Und unter die Bilder gesticket »Breuberger kommen in dasß schöne Schlosß, Offenthäler kommen überall hin« und eine zweite Garnitur gesticket mit noch mehr Bilder vom Volcke und da geschrieben »Was in Tunis im Bagne Signal geschiehet bleibet in Tunis im Bagne Signal!« Das wird einschlagen wie ein Komet wenn ich nur endlich wieder daheim bin.

Anno 1624

Mart Quorriane und Rattago: Midebe-Slache. Zu Dieter Jeltung Gaben Die-Din-Düget teile weil po Diel an ibr gelegen teile hometer. Durcheinen Zunde. Denficaufgeauch weil fie der Schliffet gusunte ist melte Suff gebauer. Denerfen anfangge. MIND. Dan weil das berühmte alte Rattano leat. Welchen die Zürcennachnablebefe darinnen lieget. Die er sie stelle. Bon etlichen figet ja rentet sori der fünfte. Da er daswitd fie vor die Sufel Salata oder gagange Emisbe Ronigreidy erobert nody. Litha ber dem Stolomeuts gehalten wel-fefter demacht. 0er die Zürcfen nachdem des des Plinius Sulon ist. Aber Gafie. Dae Sonigreich. Candbefchreibet Gchwart. Da Meter Ratrero, Revierlicher unterscheiden Solette von Salata. Welfeblhaber albiet war wieder cinquenommen des auch die fünfineilige Abgelegenbeit haben auf Dieter Intel Solettegwo andevom festengande gubt peiffet. Mudem entre Sektungen mit gwoer oder prey Lusten. Sprießet der Dahme solette vom Merctenzwoichen benden als Schliffel und henorte Gola, das is Ruble oder Vick. Stügel intes Stabts gebauet, aud einen mehr, wie Olwartus und Dicla wollen Ihönen safen wie Stantcy meldet macheft. Herzog Almtrud.

Das noch igund Jaßen sich foldhe Quapperleitun man es nicht pippen tan es sey dan daß gen sehen. Zubor cineunde teen und talt uf. Dem Serge Bucelet welcher obut werden lasset. Und Dariur pflegen es geveht drey Deilen von Raitnoan gele. Cinmohtier gemeiniglich des Zages guvorgen findet man noch igund etliche Perfalle zu pfopfen. Damit pipipi ee des pfolgenden Cane Stauren. Der alten Söhmischen Gebeue. Geacht trinten können. Ben Gie hat fünf Saupttobre. Die man in zogre, sie lieget mit ihrer Stotdfeite in einer der Dotohrischen und Ribiselepoche. Rabab nennet: als Sab Bafute bibit des Gioi Suzep stais und anderer. Sartago Colbaar pab Stici mehr. Te schabelmenar mit noch etlichen fleisir der Etadt und den Borstidte sinrer. Neren! Fumden dor diegem wie Ganut und Ehmahl. Sound findet man auch da. Neun Sefängmichern lagen Stubre von glatten Blincten. Miffé darinnen die Ehribsten lalala sigen. Den Steinen. Die Zäher waren plat: Gólos. Pouf Dey, falt gwo Zuhren, eine nach der Safte gu. Der Stiche und andern Sile gale.

Wergebeuen du gemeiniglid zwitfen belönter den Gebeuten.

Anno 1625

Das ganze letzte Jahr von einem Dämon besessen gewesen und keine Projeckte und keine Tassen gemacht. Um Matthiae ist ein großer Schnee gefallen und eodem geschmelzet und ich wieder geheilet. In den Gärten geackeret und Rinde gepfücket und gekochet und Chinin genennet. Heilt böse Luft aber nicht die Urschlechten. Sobald ich daheim wieder einkehre und mein Glück wieder habe will ich das Gelernte einsetzen und in Oppenheim eine Chininfabrik gründen. Die Rinde kann in den Kellern in den Berg gelagert werden und isßt so sicher verräumt. Den 20. April schröcklich Kometenschwarm am Himmel und alle aufgewachet. Uf Sonntag Cantate grell Leuchten am Himmel die ganze Nacht. Uf Jacobi Wundergeschrei und Kugelblitz. Den 18. August schröcklich

Komet. Den 19. Septembris Komet. Den 5. Novembris achtzehn wilde Schwein am Himmel geflogen. Den 23. Novembris Himmelfeuer. Den 11. Decembris wilde Jagd am Himmel von Bebelmary zu Bebelpaul.

Anno 1626

Zu Anfang dieses 1626. Jahrs im Monat Januarii haben der Sultan und ich gemeinsam gebacken. Haben erfunden die Panganikekse und die Afrikakekse. Die einen nach einem fernen Ort die anderen nach einem nahen Ort. Die einen mit Nüsschen die anderen mit Schoklad. Den 5. und 6. Martii schröcklich Komet. Ufn 26. Mai wilde Schweine herabgefallen drei Ochsen zu erschlagen. Den 26. Junii schröcklich Komet. Den 17. Julii drei Stunden Wetterleuchten. Anfang Octobris jede Nacht Kometenschwärme. Um Simonis schröcklich Komet in Gestalt eines wilden Schweins.

Anno 1627

Am Neuen-Jahrs-Tag Karte in den Staub gemalet. Alle Orten benennet nach dem edlen mildtätigen und großen Grafen. Folgende Städte benennet und in der Karten eingetragen: Georgdorf, Georgstadt, Georgburg, Georgberg, Georgort, Georgbrück, Georgbruck, Georgtal, Georgingen, Albrechtdorf, Albrechtstadt, Albrechtburg, Albrechtberg, Albrechtort, Albrechtbrück, Albrechtbruck, Albrechttal, Albrechtingen, Georgalbrechtdorf, Georgalbrechtstadt, Georgalbrechtburg, Georgalbrechtberg, Georgalbrechtort, Georgalbrechtbrück, Georgalbrechtbruck, Georgalbrechttal, Georgalbrechtingen. Somit alle Städte in Afrika benennet und dem guten und großmütigen Grafen Glorie gemachet. Und heim wollen das Gelernete und Erworbene umsetzen und den Wohlstand auskosten. Im Anfang Julii furchterlich Sturm geblaset und Karte hinweggeblasen. Uf Laurentii schröcklich Komet geflogen.

Anno 1628

Am Neuen-Jahrs-Tag mich beklagen gangen und heimgewollt. Auf ein Ruderschiff gekommen und ein Monat gerudert. Uff der Ruderbank neben mir ein Bub aus dem Land Borno mit Namen Bubaka. Saget mir Borno ist ganz eben und ohne Berg und Tal und nur einzeln Bäume und Wälder sonst Feld und Gras. Und erzählete dem Bub daß unser Ried ganz dasselbe und flach und auch voll Äcker und Gras und wenig Buschwerk. Aber in Borno keine Mäuseplagen. Der Bubaka will mir helfen ob meiner Rückkunft ein eigenes Borno im Ried zu erbauen und erschaffen da die ergötzlich flache Landschaft erfreulich zu genießen. Das ganze Jahr nur ein einzig schröcklich Komet. Erschien am Himmel den 18. Octobris.

Anno 1629

Ufn Neue-Jahrs-Tag eine Gefängnisßzeitung gegründet. Heißt der Feierabendziegel. Soll gegen Not und Qual und Drangsal helfen und Fried und Ruh verbreiten. Darin auf Pauli Bekehrung ein Investigativbericht über Kochkäs. Den 26. August darin die Kochkäsküche erkläret und die Revolution vorbereit. Den 7. Septembris schröcklich Komet. Den 16. Septembris Investigativbericht über wilde Schweine. Den 11. Octobris ein Lied, zu singen im Gefängniß publizieret. Darauf die Revolution ausgebrochen und alle Arbeiter und Leibeigene sich vereiniget und Janitscharen dazu und auch die Weiber in ihren feinen Tüchern. Den 23. Octobris schröcklicher Komet und die Revolution etwas ruhig geworden. Den 11. Novembris Investigativbericht über Kochkäs wiederholt. Revolution allein zu Ende geführet und alle Dinge auf ein Karren geladen und fortgegangen und im Ried und überall die Projeckte endlich verwirklichen. Ego sum Wilhelmus Tolmetsch, cometa cometarum. Et si stellae de caelo cadere volo, stellae de caelo cadunt.

IX
Die Einschienenbahn

Olaf saß auf der Einschienenbahn und kreiste langsam um das Giraffengehege. Dreizehn Giraffen-Arten bewohnen das freie Land, die weiten Steppen und Savannen. Olaf trank einen Schluck Saft. Die Giraffen werden in zwei Gruppen gegliedert, die Netzgiraffen und die Sterngiraffen. Beide findet man im Safariland. Die Araber nennen die Giraffe Serafe und das heißt die Liebliche. Die Giraffe sieht aus wie ein Kamel, ein Esel, ein Panther und eine Antilope miteinander gemischt, aber sieht man ihre lieben Augen, gibt man den Arabern recht. Olaf trank Saft. Die Einschienenbahn fuhr an den Giraffen vorbei. Sie galoppierten nicht. Sie schauten aus ihren lieben Augen heraus in das Ried bis Oppenheim. Die Einschienenbahn fuhr zu den Kamelen. Im Safariland findet man einhöckrige Kamele (Dromedare) und zweihöckrige Kamele (Trampeltiere). Die Einschienenbahn fuhr um die Kurve. Olaf nahm einen Schluck Saft. Da waren die Kaffernbüffel. Eine Fahrt in der Einschienenbahn ist sehr zu empfehlen. Aus luftiger Höhe lassen sich die Bewohner des Geheges besser beobachten und fotografieren. Olaf trank Saft. Die wohl einzige Einschienenbahn über ein Tierfreigehege bietet 50 Personen Platz, doch Olaf war ganz allein. Er nahm einen Schluck Saft. Die Einschienenbahn fährt in kurzen Abständen in drei Meter Höhe langsam und ruhig die 650 Meter lange Strecke. Olaf nahm einen Schluck Saft. Da waren die Bisons. Da waren die Dahome-Rinder. An den imposantesten Stellen macht die Einschienenbahn sogenannte Foto-Stopps, sodass die Fotografen voll auf ihre Kosten kommen. Da waren die Yaks. Da waren die Zebus. Da waren die Watusis. Olaf nahm einen Schluck Saft. Die Einschienenbahn kreiste mit ihm und seinem Saft, und da waren die Esel. Die Einschienenbahn machte einen Foto-Stopp und Olaf sah eine Oase. Man soll sich im Safariland wohlfühlen. Man soll die Sicherheitsvorkehrungen kennen.

Man soll seine Mithilfe nicht verweigern. Man soll die Schilder lesen. Man soll den Anweisungen des Personals folgen. Man soll die Verhaltensmaßregeln befolgen. Olaf stieg im Raubtiergehege nicht aus. Er blieb in der Einschienenbahn, die weiter ruhig kreiste. Er trank ein wenig Saft. Die Einschienenbahn hatte keine Panne, sie kreiste langsam auf der 650 Meter langen Strecke und Olaf konnte sitzen bleiben. Das Safariland wurde aus Sorge um das Tier erbaut. Im Großtiergehege musste sich das Tier keine Sorgen machen. Es stand im Ried und fraß. Olaf trank Saft. Die Tierwelt war bedroht und im Safariland wurden die von der Zivilisation bedrohten Gattungen vor dem Untergang gerettet. Das Safariland wurde errichtet, weil nicht alle nach Afrika fahren können, um die Tierwelt zu betrachten. Deshalb betrachteten die Giraffen Olaf im Ried und Olaf trank Saft. Olaf begegnete den Löwen. Die Einschienenbahn kreiste ruhig. Olaf saß. Der Löwe lebte vor und während der Eiszeit im Ried. Er war auch im Odenwald heimisch. Gewesen. Heute kommt der Löwe in den Savannen und Steppen des Safarilands vor. Olaf stieg nicht aus, er befolgte den Sicherheitshinweis. Die Löwen jagen gemeinsam und erhalten Fleisch mit Lebertran. Einmal in der Woche haben sie einen Schlankheitstag und erhalten Eier und Milch. Der stärkste Löwe erhält den Löwenanteil. Der Löwe wiegt zwischen fünf und sechs Zentner. Olaf stieg nicht aus, er sah die Schilder und nahm den Sicherheitshinweis ernst. Die Einschienenbahn kreiste. Im Safariland leben zum ersten Mal Löwen und Tiger ungetrennt in Freiheit zusammen. Eine Löwen-Tiger-Kreuzung wird mit etwas Glück das Licht der Welt erblicken. Dieses seltene Tier hat bislang noch nicht im Ried gelebt. Die Einschienenbahn kreiste mit Olaf und Olaf nippte am Saft. Im Ried haben aber Mammute gelebt. Im Odenwald wird es sie auch gegeben haben, wenigstens solange er noch ein Oden ohne Wald gewesen ist. Im Wald ist es dem Mammut zu eng. Heute kommt das Mammut im Rheinsand bei Kornsand vor und auch in Rheinhessen. Die Elefanten stehen im Ried. Olaf

Im Safariland
Dem Ongl Franz sei Gejend
Tractor

kreiste ruhig und trank seinen Saft. Der Elefant benutzt seinen Rüssel als Schlag- und Greifwerkzeug und seine gewaltigen Stoßzähne als Waffe und Werkzeug. Damit ist der Elefant gut ausgestattet, denn er hat Zange, Hammer, Hebelstangen, Stemmeisen und Schaufeln in greifbarer Nähe. Der Afrikanische Elefant ist vom Inder daran zu unterscheiden, dass er meist hochbeiniger ist, größere Ohren hat und dass ihm die großen Höcker über den Augen fehlen. Im Safariland leben sowohl Afrikaner als auch Inder. Olaf kreiste die 650 Meter und sah ruhige Elefanten, deren Rüssel den Zaun aufstemmten. Olaf sah die Strauße, die das Safariland verließen, an einem Traktor vorbeiliefen und über ein Feld eilten. Olaf trank seinen Saft. Olaf sah berühmte Leute, die Tierliebhaber waren und in das Großtiergehege gingen, um den Großtieren die Höcker über den Augen zu küssen. Diese Prominenten sind aus heutiger Sicht alle tot. Im Safariland brachte man ihnen im wahrsten Sinne des Wortes die Tiere etwas näher. Sie standen im hautnahen Kontakt mit ihnen. Auf der Einschienenbahn kreiste Olaf ruhig und bestaunte große und kleine Tiere. Er stellte fest, wie anhänglich die Tiere waren und wie wenig trennende Gitter und Gräben notwendig schienen. Die Strauße erwiesen sich jedoch nicht als anhänglich und liefen fort durch das Ried. Olaf lief nicht, er saß und kreiste ruhig. Das Safariland war ihm Tierpark und Freizeitpark in einem geworden. Die Einschienenbahn kreiste. Unten gab es viel Abwechslung. Da war der Kinderspielplatz mit der Mini-Eisenbahn und den Elektro-Autos, die Pony-Reitbahn und die Bogen- und Gewehrschießstände. Den Elefanten wurden ihre Stoßzähne zum Verhängnis. In den Souvenirgeschäften fand sich für jeden etwas. Olaf kreiste und nahm einen Schluck Saft. Für das leibliche Wohl war gesorgt. Erfrischungen und Süßigkeiten gab es in der Oase und einen Schnellimbiss im Safari-Inn. Im Safariland-Restaurant gab es gepflegte Küche. Olaf kreiste und kreiste die 650 Meter ab. Er sah die ganz große Attraktion, die ruhig vorbeikreiselte. Die drolligen und intelligenten Delfine wohnten in einem 15 Meter langen, 9 Meter breiten und 3 Meter tiefen Becken und zeigten dem staunenden Olaf täglich ihre grandiosen Kunststücke. Die zwei bis drei Zentner schweren Safariland-Delfine wurden in Florida hergestellt. In der Traglufthalle mit Blick auf das Ried fühlten sie sich sehr wohl. Delfine fressen täglich 10 Kilogramm Heringe und Makrelen. In ihrem Becken befand sich ein Gemisch aus Leitungswasser und 12.000 Kilogramm Salz und Chemikalien. Darin sind die Delfine in ihrem Element. Sie traten stündlich auf und führten Tricks vor und Olaf kreiste und knipste und nippte. Die Delfine bewegten sich wie ein Vogel in der Luft. Die Strauße liefen am Traktor vorbei. Olaf kreiste auf der Einschienenbahn.

X
Die Straußenwirtschaft Atzmann

Schlemmerreise ins Hessenparadies. Cremige Bovistenspecksuppe, deftiger Eisbeineintopf, mürbe Grünkernfische, saftige Leberwurstkreppel und lauwarmer Federweißer. Die Straußenwirtschaft Atzmann ist ein Ort für Liebhaber authentischer Küche. Hier wird seit sechzehn Generationen auf höchstem Niveau vollendete Gastlichkeit geboten. Wer traditionelle hessische Spezialitäten nach Originalrezept probieren will, ist hier richtig.

Die Straußenwirtschaft Atzmann wird heute von einer afrikanischen Frauenkooperative betrieben, die das alte kulinarische Erbe hochhält und alle Gerichte zubereitet, wie wir sie seit den Zeiten des großen Wilhelm Tolmetsch kennen. Der hat die Straußenwirtschaft Atzmann 1630 nach seiner Rückkehr aus Tunis eröffnet. Damals lag sie mitten im Safariland, das damals zwischen Borno und einer Wüstenei liegend *das* Reiseziel der Reichen und Schönen gewesen ist. Und Wilhelm Tolmetsch, der Komet der Kometen, mittendrin! Die Straußenwirtschaft Atzmann wurde zur legendären Location der feinen Welt. Hier ließ man sich Räucherstäbchen

Vollendete südhessische Gastlichkeit
Gehweider
Engatatz

bis an den Tisch bringen, aß damals schon die berühmten Leberwurstkreppel und sah sich Traumschifffolgen an. Sie sind seit den Anfängen der Straußenwirtschaft Atzmann ungezählt und heute so beliebt wie eh und je.

Die feinen Speisen und erlesenen geistigen Getränke erzeugt die Straußenwirtschaft Atzmann nach wie vor selbst. Egal ob als Begleitung zu einer alten oder neuen Traumschifffolge oder an einem lauen Sommerabend in der herrlichen Stille der ursprünglichen Landschaft, bei der Straußenwirtschaft Atzmann gibt es immer einen besonderen Genuss. Besonders beliebt sind die in den typischen Souvenirtassen ausgeschenkten Schaumweine.

Trotz aller Tradition gab es im Jahr 1964 einen Neuanfang. Die Tolmetschs, die im Mannesstamm ausstarben, übergaben die Straußenwirtschaft Atzmann an den schillernden Frank Speck. Der war gerade aus Afrika zurückgekommen und verpasste der Straußenwirtschaft Atzmann neues Flair. Das legendäre Original bleibt unvergessen, auch lange nachdem er die Bühne des Lebens verlassen hat. Onkel Franz, hoch die Tassen!

Nach dem Tod ihres Vaters übernahm seine Tochter Schapiya die Straußenwirtschaft Atzmann. Sie brachte das Tropenfieber zurück ins Ried und alle steckten sich an. Die wilden, verrückten Zeiten im Safariland, das waren auch die großen Zeiten der Straußenwirtschaft Atzmann! Legendär sind die vielen Männer, die Schapiya zu Füßen lagen.

Heute betreibt wie gesagt eine von Franz Specks Tochter noch ins Leben gerufene Frauenkooperative die Straußenwirtschaft Atzmann. Die netten Damen lassen es an nichts mangeln und halten die Tradition hoch. Dabei sind sie gleichzeitig am Puls der Zeit und machen nebenher eine innovative Fusion-Küche. Besonders beliebt ist das sommerlich-frische Schnitzel im Fladenbrot mit Limonen und Kochkässauce »Juba«.

Aber die Straußenwirtschaft Atzmann hat auch schwere Tage gesehen. So ist in Sichtweite der schönen Terrasse der Großneffe von Franz Speck, der berühmte Sprachforscher

Olaf Walser, umgekommen, als er tagelang auf der ruhig kreisenden Einschienenbahn vergessen worden war. Aber es gibt auch Skurriles zu berichten. So hat Elisabeth Langgässer ihre berühmten Experimente zu Brot und später auch zu Wellfleisch im Wesentlichen im Gastraum der Straußenwirtschaft Atzmann durchgeführt. Noch heute enthält die Speisekarte einen Auszug aus ihrem später weltweit berühmt gewordenen Buch über ihre Forschung: *Die Kruste, narbig und hart, war ringsum mit Schimmel bezogen; der Brosamen gleich darunter schien löcherig und rauh. Er hob die Augen und wußte: man hatte ihm würmiges Brot, einen großen Rist, zu essen gegeben, der gräulich wimmelte. Bald sah er vor Maden den Mehlback nicht mehr und bröckelte deshalb die oberste Schicht, hierauf die folgende ab, welche reinlicher, aber noch immer von Würmern durchzogen war. Die nächste schien etwas heller, als sei sie aus anderem Teig gemacht und auch freier von Ungeziefer, die Übernächste desgleichen; es folgten einander die Schichten und klärten sich immer mehr, bis endlich die letzte hervorkam: weiß, strahlend und so fein, daß Aladin nicht wagte, sie mit den schmutzigen Fingern, dem Stoppelmund zu berühren, und indem er sie ansah, geblendet wurde, daß die Augen ihm übergingen …*

Das alles ist nun schon Geschichte. Gelebte Tradition! Aber auch wenn das Safariland heute schon lange verfallen ist, ist das Ried Afrika geblieben. Und hier und da kann man von der Terrasse der Straußenwirtschaft Atzmann bei einer Tasse Wein oder einem Krug Kochkäs den einen oder anderen Philologen durch das dichte Unterholz krabbeln und seine Forschungen durchführen sehen.

Quellen

Dapper, Olfert. *Umbständliche und eigentliche Beschreibung von Africa*. Übersetzung Philipp von Zesen. Jacob von Meurs 1670

Langgässer, Elisabeth. *Gang durch das Ried*, Darmstadt 2008 [1936]

Rommel, Gerd. *Safariland Gross-Gerau/ Wallerstädten*, Frankfurt am Main 1974

Setz, Clemens J. *Die Bienen und das Unsichtbare*, Berlin 2020

Alle Fotos von Anne Storch

Künstlichkeit der Ordnungen, ein Spaziergang

Bruno Arich-Gerz und Anne Storch

Irgendwo beim Schreiben haben wir uns eine Malaria eingefangen, vielleicht bei Lorsch oder am Woog. Jetzt stolpern wir fiebrig auf unserem Spazierweg umher. Ruinös und verfahren das Ganze.

Künstliche Ordnung, ineinandergefaltet: Hessen-Süd mit Globo-Süd. Künstliche Ordnung, auseinandergefaltet: ein kartiertes Sprachfrika, Übersetzungen und ein Gefangener in Tunis, dem Jahrhunderte später ein Freizeitpark im hessischen Ried gelingt. Es geht dabei nicht um Präsenzen von Afrikan*erinnen in diesem Ried oder gar um Perspektiven afrikanischer Aut*orinnen, sondern um AFRIKA als eine in zynischerweise notwendige Idee, eine Idee, die seit Generationen in dieser früh industrialisierten Ecke Deutschlands immerzu irgendetwas bedeuten muss. Eine Chiffre, die auf etwas verweist, das es hier, im Ried, schon lange nicht mehr zu geben scheint. Die niederländische Spaziergängerin und Schriftstellerin Marjoleine De Vos nennt den sehnsüchtig suchenden Blick in der zugerichteten, ihres Lebens beraubten Umgebung »Landschaftsschmerz«. Verzweifeln erscheint als einzig vernünftige Reaktion auf die Verbrechen des Imperialismus, Kolonialismus, Faschismus und Kapitalismus, deren Spuren in der Banalität der Orte ringsum mit Leichtigkeit aufzufinden sind. Und so muss in die Ferne geblickt werden von irgendeiner Bergstraßenhöhe, in die Weite des Rieds bei Sonnenuntergang, das dann aussieht wie eine beliebige Hollywoodfantasie von Savanne und Akazienbaum. Nur dass das hier Pappeln sind.

Die Sehnsucht nach einem Ort, der, anders als all dies, noch zu retten ist, in paternalistisch erhabener Geste zu Entwicklung, Development und Progress freigegeben wird, produzierte über Generationen verheerende Bilder und grausame Liebe. Denn die am Sehnsuchtsort schon Wohnenden

hatten zumeist andere Vorstellungen vom Progress und vom Development. Machte aber nichts. Die Unterworfenen galt es zu disziplinieren, anzufixen auch mit dem eigenen Beispiel, und daran beteiligten sich eben nicht nur die preußischen Eliten, sondern auch diejenigen, denen sich in und aus dieser deutschprovinziellen Ecke wenig zu bieten schien.

Zu Sadismus entstellte Sehnsucht und die selbstzerstörerische Bereitwilligkeit zum Raubbau und zur Ausbeutung, egal von was, egal von wem. Afrika ist eine Chiffre für den Wahn und die Hybris, dass wir irgendetwas unter Kontrolle zu bringen vermögen – die Welt, die Sprache, das Leben. »Die Europäer erwarten, dass wir uns aufgeben«, sagt der kamerunische Schriftsteller und Verleger Guy Dantse in einem Interview im Darmstädter *Stadt-Kultur-Magazin*. Unterwerfung, so wie sie es selbst über Generationen eingeübt haben. Büchners Elternhaus in Goddelau hätte manch einer gern abgerissen. *Fort dademit.*

Nochmal neu und von woanders angesetzt. Wir spazieren zu zweit und eben anderswo – der Zufall wollte, dass es Irland ist –, weil das Safariland, unterschiedlich gefaltet, nach Geleit verlangt und einem wegweisenden Wort. Auf Knochen setzen wir im County Mayo Schritt um Schritt. Von Sehnen und Muskeln nichts mehr da. Muss man sehen, wie man hinkommt und zurechtkommt. Muss man sehen, jeder für sich und die Zeit gegen alle. Weil sie nicht vergeht und sie die Spuren nicht verdeckt.

Weil es vielleicht längst keine Frage kolonialer Amnesie mehr ist, sondern eine Frage der Ablenkung. Schon immer eine Frage der Ablenkung war. Die Bücher der Uroma auf dem Dachboden: die Trivialromane der Courts-Mahler. Was hammer gelacht, ei war des net schee. Zur gleichen Zeit empfing der Schlächter, Verbrecher und Gouverneur der deutschen Kolonie Kamerun Jesko von Puttkamer den irischen Diplomaten Roger Casement, dessen Berichte von den Verbrechen der Belgier im Kongo zur Uroma vermutlich nicht vorgedrungen sind. Im Bücherregal zwei Generationen danach das *Heart of Darkness*, Josef Conrad in einer alten Ausgabe auf holzhaltigem Papier. Daneben Böll.

Der irische Diplomat Roger Casement wurde nur zwei Jahre nach dem kamerunischen Juristen Rudolf Duala Manga Bell aufgehängt. Beide wegen Verrat. Der eine in London, der andere in Duala.

In Heinrich Bölls Sommerhaus auf Achill Island in Irland stehen andere Bücher. Solche, die Schriftsteller*innen und Künstler*innen während ihrer Residenzen dort geschrieben oder doch zumindest sich ausgedacht haben.

Wir wandern. Die alten Ordnungen der Menschen auf Achill sind Kulisse schöner Spazierwege. Es ist der dritte eines kalenderzufälligen Märzens, in dem die Bauern auf Achill ihre Schafe in der Wolle färben. Das blaugelbe da vorne: demnächst Mutton. Gemeinsam über den Schienbeinknochen, hoffentlich bricht er nicht.

Die Wüstung, das verlassene Dorf, ein Friedhof der unbestatteten Sorte. Heinrich Böll hat es »das Skelett einer menschlichen Siedlung« genannt. Eine Übersetzung von Gestalt in Wort. Böll hat seine Übersetzerei bewahrt, bewahrt war er, und tauschte Wort gegen Wort, unermüdlich. Passt, wenn auch nur ganz zufällig, zu unseren Dolmetschern. Namensherkunftstechnisch: Thoelke und Tolmetsch.

Sind nicht auch diese Ruinen, ist nicht auch diese Landschaftsverzweiflung ein Ankerpunkt kolonialer Gewalt? Schultern zucken. Wechsel Berg, Strand, Strand und Berg. Früher galt: Von oben im Sommer Blick auf die Buchten, im Winter umgekehrt. Walfänger auf der anderen Seite der Hügel, Jahreszeit unklar. Ordnung, die sich ergibt aus dem Wechsel der Tage und den Gewohnheiten der Tiere. Ordnung, die eine Weile bestand, dann verfiel wie auch die Häuser und Mauern. Jetzt gilt: Spiegelung auf der regennassen Straße, den Steinen auf dem Weg und dem Wasser. Sonst nur Moor und taube Hügel. Hier leuchtet es nur dort, wo Weg ist.

Das Wasser auch, natürlich! Ein weitaus verlässlicherer Weg als das Land, in jenen Zeiten. Das Schimmern des Sonnenlichts auf dem sicheren Weg: *muir geal*. Oder so ähnlich. Ob das auch für Licht auf dem Luvuafluss und der Bach gilt? Schultern zucken.

Lang gelaufen werden wir gewesen sein. Dann Fisch (grätenlos) und ein Mann im roten Pullover, der gelächelt haben wird über die Späße der Wirtin, die gesungen haben mag. Was? Einen Song halt. Dann macht er den Fernseher an und man sieht lautlos die in Trümmer fallende Stadt, sie ist mit Flaggen blau-gelb markiert wie die Schafe und ihre Wolle mit Pinselstrichen, wir schreiben den März 2022. Ein Bus fährt am Heinrich Boell Cottage vorbei. Die schnelle Straße lang, noch lange sichtbar auf dem hellen Band im Torf. Am Rand ein wenig Schaf, Skelett menschlicher Achtlosigkeit.

An Bord alte Frauen in Warnwesten. Gespräche über das, was kommt, das was war. Alles gleich, am Ende alles ein und dasselbe. Die Füße tun so oder so weh in den ausgetretenen Schuhen. Busverbindungen sind die Skelette der alten Wege.

Es kommen mehr Leute als früher nach Achill Island, an diesen Ort wie auch an andere solche Orte. Da sehen sie den Himmel, das Meer, haben Zeit für irgendwas. Möchten das Cottage sehen, verschaffen sich Zutritt zum Gelände, starren in die Fenster. Neue Wege werden gebraucht, damit sie alle ihre Runden ziehen können. Wandern und laufen und Luft genießen und irgendwas anschauen.

An einer Straßenkreuzung ein Ort. Die Häuser genau entlang der Wege, ein Dorf in Kreuzform. John macht mit der rechten Hand ein Kreuz zum Abschied, nachdem unsere Hände und Unterarme sich gekreuzt haben, *for this is how you do it when you really mean it*. Ein Stück weiter hat die Wirtin im Pub bei der alten Abtei als Kind beim Spiel die Knochen gefunden.

Knochen von Schafen?

Knochen von Mönchen, von Leuten.

Und dann?

Sie hat gesagt, sie haben sie dann dort weggebracht.

Wer sind »sie«?

They, Schultern zucken. Knochen und Kreuze, auf Knochen kreuzen. In der Schrift, die Böll zum Fünfundsechzigsten bekommen hat, ist irgendwo in der Mitte seit langer Zeit eine kleine Spinne zwischen den Seiten. Spinnen haben, so wie viele andere auch, ein Exoskelett. Ordnung bleibt als mumifizierte Form bestehen, bis auch sie zerfällt. Bis dahin vier Beine auf jeder Seite, die nach den Grüßen längst Gegangener greifen.

Als Einsiedler im Cottage gesessen und gelesen und geschrieben und gedacht. Bei Regen raus. Abreise, und die unironisch ostwärts. Spaziergehende lügen nicht, sie fuß-vor-fußen ernst und unironisch. Der letzte Einsiedler Irlands starb 1616. Doppelzahl. Hatte sich eingemauert oberhalb von Fore Abbey, damals schon verfallen. Adolf fährt vorbei. Sagt, hier sei sein letzter Halt, hier wolle er bleiben. Adolf kommt aus Kamerun und hat es zuvor zwei Jahre in Deutschland ausgehalten, Spaß über seinen Namen ausgehalten. Hundertmal und mehr den Link zum Sketch von Trevor Noah als Schwarzer Hitler. Hier auf den regennassen Straßen am Einsiedler vorbei ist endlich Ruhe, endlich Frieden. Familie hier, endlich aufatmen. Daheim zehntausend erschossen und verscharrt.

Finegans Wake ohne Ende. Finegan bedient mit dem Transporter Ziele in der Region. Nicht immer schon, eigentlich kommt er aus der Landwirtschaft. Und der Torf, wissen Sie. Finegan weiß einen Friedhof, da liegen sie seit fünfzehnhundert Jahren unter Moos. Und Finegan weiß ein Moor, da haben sie jahrzehntelang den Torf weggebaggert. Riesige Traktoren und Laster, Hunderte davon, Tag für Tag, Jahr für Jahr. Das Moor zur Einöde gemacht.

Verheizt? Die Ressource Torf wird keine Zukunft II gehabt haben? Wenn der Chef-Chef das wüsste. Fossiler Endlichkeitsfluch. Also verheizt. Nach England, wie zuvor der Wald

sich, in
wie der Ver-
e Herrschaft
ur negativ
omplott

Ge
des
die
offen
üb

n-
es
em
ig-

d
ihr sub
Werthaftte
ist und u
zum Vollzug
des Frühanar
Mensche
in

für die Kriegsschiffe schon und was sonst so war. Torf für englische Gärten, auf Lastern, dutzendfach, hundertfach, jahrzehntelang. Der Vogel, der in der Heide brütet: weg, zerrissen, fort. Auch sonst aber: Bussarde, Falken, Adler → weg. Wölfe, Wild → weg. Brummende Hüpfer am Rand der Felder, der alte Weizen, die guten Kartoffeln, die Tomaten, Erbsen, Roggen, die auf Finegans Äckern standen ohne Insektizide, Spray und Gift → weg.

Der Polaroidmann in der kleinen Druckerei oberhalb des Strands mumifiziert die Stille mit einem angelaufenen Film. Ruinierung als Farbspiel. Gemächlichkeit, Selbstständigkeit, Farben, Wirtshäuser, Gerät, Höfe, Welt, Wege → weg. Buch, Messe, Reise, Poet, Gespräch → weg. Alles weg, eigentlich. Nicht nur Fossiles, auch kopfabgelagert Selbst-Verständliches. Besitzstand → weg. Für Michael Walsh war es vor einem knappen Jahrhundert die fast lautlose Maßnahme der Unterschrift des Notars: Hof und Kindheit und Baum und Spiel und Traum und Tür und Schäfer und Schaf → weg.

Die Zimmerwirtin auf halber Strecke heißt *Wahrheit* mit Namen. Auch schön. Glitzerwasser, Klugheit, Wahrheit. Lauter so Namen. Adolf und Finegan fahren vorbei und winken. *We always have this angst when we are in the country of the coloniser. We need to come back here, because of this angst, come back and retire and rest.* Mauer um den alten Garten, Folly auf dem Hügel aus ganz lang schon vergangenen Zeiten, nie vergangenen Zeiten, Hühner im Gras, Stiefel, Hunde, Erziehung aus dem Internat, Sprache aus der Postkolonie, Fuchs, Dachs, Bilder, Teppiche (zum Versinken), and abroad there is this sadness.

Böll war nie in Safariland.

Nie.

Der junge Mann, der im Gewürzgasthaus des Herrn Khan das Chicken korma serviert, hat einen Bart. Der Schäfer in Michael Walshs Gedicht, der eine vornehme Dame liebt, ebenfalls. Walsh nennt es einen Kossack's beard. Man muss nachschlagen, was damit gemeint ist.

Die Dame fällt währenddessen vom Pferd und stirbt. Ordnung bleibt gewahrt: Klasse und Liebe unangetastet von Verschleiß und Fragen.

Madame, have you placed your order?

Herrn Khans Gewürzgasthaus ist das beliebteste am Ort. Alte Frauen entledigen sich ihrer Warnwesten. The butter chicken, please. Or, wait, no, rather chicken korma. Or no, wait, so sorry, butter chicken still. No, it's chicken korma. If I just knew which one.

Ein anderer, Pankaj Mishra, hat ein Buch über Butter Chicken geschrieben.

Er hat auch geschrieben, dass die Ruinen des Imperiums fruchtbar sind. Dort ereignet sich etwas, das er Erwachen nennt.

Ruins:

- of empire
- of monks
- of the intracellular friendly fanatic
- of sheep

Das Essen ist nicht so, wie man es sich vorgestellt hat. Mild, kaum Kreuzkümmel, kein Chili, kein Salz. Aber sieht hübsch aus. Wie muss was wo sein? Schultern zucken.

Various ruined abbeys, a pub, an inn, a cottage, a printer and a polaroid, a bridge: skeletons of human hospitality. Auch Ruinen sind Zeichen verschiedener Möglichkeiten der Gastgeberschaft. Orte, die noch da sind; Wege, semiotische Landschaften anders zu untersuchen. Mitten im Spaziergang blicken wir auf ihre Permeabilität, Offenheit, Gegenseitigkeit, Lebendigkeit.

Vor ein, zwei Generationen waren die Böden der Kneipen mit Sägemehl bestreut. Sägemehl saugte sich voll mit Spucke und Speiber: ein Archiv aus trockengefallenen Flüchen.

Klatsch und Tränen und Bier und Gerede: dem halt, was mal war. Danach: Kehraus. Alles von vorn, lange Zeit. Das geht nicht mehr. Ganz glatte Oberflächen.

Wir hatten einmal
die Möglichkeit
des Sägemehls
der Sägespäne

I put a spell on you / cause you're mine. Schultern zucken. Skelette einer menschlichen Konversation: Anklage / andere Sprache / nur welche / keine Bühne / nur ein Schafott.

Safariland ist keine Ruine.

Safariland ist kein Portal.

Safariland ist ein Land.

Safariland ist ein Land in einem ineinandergefalteten anderen, oder es ist ausgefaltet.

Safariland puts a spell on you.

Safariland legt sich über deine Erinnerungen.

Was träumt der Apparat. Der Bulldozer, döst er? Träumt das E-Mail? Kommen Sie rein, schaffen Sie es bis hinter die Sicherheitsschleuse der Cryptotrésor & Cie.? Ich darf Sie höflichst daran erinnern, dass dies unsachlich ist. Werden Sie erst einmal wieder sachlich. Werden Sie eine

Sache.

Dann kann ich Sie

verwalten.

Und leben Sie von Ihrer Gutgläubigkeit. Gut leben. Auf dem kahl geschaufelten Boden dem Kalk, dem Granit eine Rampe bauen. Raketen fliegen lassen. Zu Planeten, auf denen ich wohne. Und Sie anfunke, während Sie Geschichten erzählen: Sie sind unnütz.

Unbenefitting to us, to me. No space for this pronoun: you. Nothing there. Just peat.

Nur sieben Meter tief verrottetes Moos. Moos ganz weich nimmt unsere Träume

und federt sie ab, wie-man-so-schön-sagt ressourcenorientiert.

Der letzte Einsiedler Irlands starb 1616 in Fore. 1616 wäre eine gute Pinnummer.

Aber das ist nicht wahr.

Einsiedler im Cottage. Kein Besuch. Denken, Striche auf Papier.

Safariland ist aus Papier.

Safariland ist cleveres Origami: außen, innen.

Safariland ist für Einsiedler.

Safariland ist eine Mauer im Gras.

Kein Kindheitsparadies
aus Zement und Plastik
künstliche Ordnung, künstliche Grenzen
entlang der Zäune
die nun Schafe davon abhalten, auf die B44 zu laufen und sich überfahren zu lassen.

Nicht vom Bus
sondern
vom Überschallfahrzeug
Schaf
Punkt, weiß
im Moor und im Geröll (oben)
klatscht gegen die Front des Busses
der Kühler des Überschallfahrzeugs
bleibt
liegen
auf dem Bankett
ein Fest für die Möwen
während es ruft (noch ganz kurz)
dann ist:
Stille
Wolle
ein Vlies für die Wissenschaft
gewebt aus langen Fäden
Farben, die fünftausend Jahre währen
während
denen niemand
scheren muss, niemand sich schert gewebt erzählt gewebt geredet wird. Wer hat vom Safariland gesprochen. Wenn überhaupt: einer, der nicht wusste, was er tat, eine,

die ein Boot gesehen hat am Strand mit der mumifizierten Giraffe an Bord, vom Kurs abgekommen, von der Strömung angelandet.

Ratlos betrachtet.

Dann benannt.

Winters sagt, you know, conversation is an art.

And if there is one other thing we have been good at it's jokes. Laughing at ourselves.

More powerful than any authority.

Bruno Arich-Gerz &
Anne Storch
Safariland, zweifach

Lektorat: Textem
Gestaltung: Christoph
Steinegger / Interkool
Druck: Kerschoffset d.o.o.

Umschlagabbildung:
Sophie Storch, 2023

Textem Verlag, Hamburg
2024

Reihe Campo Bd. 8

ISBN: 978-3-86485-328-9

Textem Campo